情系北师大
——十年耕耘纪实

魏礼群 ◎ 著

北京师范大学出版集团
BEIJING NORMAL UNIVERSITY PUBLISHING GROUP
北京师范大学出版社

图书在版编目（CIP）数据

情系北师大：十年耕耘纪实 / 魏礼群著. — 北京：
北京师范大学出版社，2022.12（2023.4重印）
ISBN 978-7-303-28173-2

Ⅰ. ①情… Ⅱ. ①魏… Ⅲ. ①魏礼群－自传 Ⅳ.
①K825.46

中国版本图书馆CIP数据核字（2022）第184937号

图 书 意 见 反 馈　　gaozhifk@bnupg.com　010-58805079
营 销 中 心 电 话　　010-58805532 58808058
北师大出版社高等教育分社微信公众号　　新外大街拾玖号

QING XI BEISHIDA: SHINIAN GENGYUN JISHI

出版发行：北京师范大学出版社 www.bnup.com
　　　　　北京市西城区新街口外大街12-3号
　　　　　邮政编码：100088
印　　刷：北京虎彩文化传播有限公司
经　　销：全国新华书店
开　　本：787mm×1092mm　1/16
印　　张：13.75
字　　数：269千字
版　　次：2022年12月第1版
印　　次：2023年4月第3次印刷
定　　价：89.00元

策划编辑：王婧凝　　　　责任编辑：周益群　王婧凝
美术编辑：李向昕　　　　装帧设计：锋尚设计
责任校对：陈　民　　　　责任印制：马　洁

作者简介

作者近照

魏礼群，江苏省睢宁县人。历任国家计委政策研究室主任、体制改革和法规司司长、国家计委党组成员兼秘书长，中央财经领导小组办公室副主任，国务院研究室主任、党组书记，国家行政学院党委书记，第十一届全国政协委员、文史和学习委员会副主任。中国共产党第十六届、第十七届中央委员会委员。兼任中央马克思主义理论研究和建设工程咨询委员会委员、全国哲学社会科学规划领导小组应用经济组组长，国际行政院校联合会副主席，中国行政体制改革研究会首任会长，中国西部人才开发基金会理事长，中国国际经济交流中心常务副理事长，国家行政学院、中国人民大学、北京师范大学教授、博士生导师，北京师范大学中国社会管理研究院/社会学院"两院"创始院长。

负责或参加过党中央、国务院大量重要文件和党中央、国务院领导人重要讲话的起草工作，主持过120余项推进中国改革开放和现代化建设重大课题研究，取得了一大批对国家决策有重要价值的学术、科研、决策咨询成果。出版了《中国经济发展与改革》等个人专著35部，主编著作130余部。

2009年入选"影响新中国60年经济建设的100位经济学家"，2013年被评为"20世纪中国知名科学家"，先后入选"2014年中国智库建设十大代表人物""2016年度十大智库人物"，2018年入选"致敬改革开放四十周年·中国智库建设40人"。

1964年，魏礼群在北京师范大学历史系读书时留影。

1992年5月，魏礼群在国家计委工作时留影。

2002年5月，魏礼群在国务院研究室工作时于中南海
留影。

2012年9月8日，在北京师范大学历史学院（历史系）校友会成立大会上，魏礼群与原历史系党
总支书记冯效南老师握手。第二排：左二周贵芹，左一耿向东，右二杨共乐。

情系北师大

1963年10月，魏礼群（第二排右四）与历史系1963级全班同学合影。

2002年9月9日，北京师范大学百年校庆期间，历史系1963级部分校友合影。第一排：右四魏礼群，左四周贵芹，左五王道荣，左二吕美颐。第二排：左四曹大为，左一贾保民。

2012年4月3日，魏礼群与夫人周贵芹在北京师范大学历史学院合影。

魏礼群在阅读北京师范大学校报。

2011年5月7日，顾秀莲（右二）、陈宗兴（左一）和魏礼群（右一）共同为北京师范大学中国社会管理研究院成立揭牌。

2017年4月22日，魏礼群（左）与时任民政部副部长、第二届全国社会工作专业学位研究生教育指导委员会主任顾朝曦（右），共同为北京师范大学社会工作硕士教育中心成立揭牌。

2015年6月27日，魏礼群在社会学院首届毕业典礼上为毕业生寄语。

2021年7月7日，魏礼群（第一排中）与全院教职工（兼职人员）合影。

2022年4月22日，北京师范大学中国社会管理研究院/社会学院主要干部任免会合影。中间校党委书记程建平，左二魏礼群，右二屈智勇，左一赵秋雁，右一李韬。

自序

　　北京师范大学（以下简称北师大）是我的母校，也是我几十年来魂牵梦萦的地方。这不仅因为她是我国最早的现代师范教育高等学府，有着悠久辉煌的历史；也不仅因为她是当代中国教育领域的"排头兵"，担当着创办中国特色世界一流大学的历史责任，还因为她使我得到了终身受益的良好教育和情缘，形塑了我的人生走向和轨迹，奠定了我为党和国家贡献才智的基础，为成就一生事业垒石固本。"学为人师，教化从容；行为世范，砥砺无穷。"母校为我做人、从政、治学注入了丰厚的滋养、智慧和力量。我为自己曾是北师大的学人而深感自豪，更为自己晚年有机会回报母校，助力北师大发展而无上荣光。

　　1963年，我从江苏北部偏僻的农村考入北京师范大学历史系读书，在校园里度过五年多宝贵时光。遥想当年，教室里、宿舍中、操场上、小道旁，都留下行动足迹和欢声笑语。光阴似箭，岁月峥嵘，转瞬间已经过去半个世纪。五十多年来，我一直心向母校、情系北师大。无论是身处祖国边疆大兴安岭的茫茫林海，还是履职于中央国家机关和中央领导决策中枢的中南海，都一往情深，时时刻刻关注和关心母校的发展。十年前，在我即将从领导岗位退下来时，应北京师范大学党政领导班子邀请，回到母校发挥余热，先后创建了北京师范大学中国社会管理研究院和社会学院（以下简称中社院），成为"两院"的创始院长。

　　"老牛亦解韶光贵，不待扬鞭自奋蹄。"2011年，顺应党和国家加强和创新社会治理的战略要求，我在全国率先建立以咨政、科研、育人和合作为主要职能的北师大中国社会管理研究院，创办中国特色新型社会治理智库。十年来，一片丹心，深耕励耘。经过十多年的不懈努力和创新发展，产生了一系列丰硕成果，有力地助推了我国社会治理理论、政策和实践的发展，为推进国家社会治理体系和治理能力现代化作出了积极贡献。同时，顺应党和国家加强社会建设的战略要求，着眼于建设社会学学术重镇，推动中国社会学学科创新发展，加快社会建设人才培养，又于2015年创建了北师大历史上具有独立建制的社会学院，并快速形成了社会学本科和硕士、博士研究生一体化的人才培养体系，取得良好开局，使北师大百年社会学学科建设进入了新阶段。

一分耕耘，一分收获。十年来，在创建中国社会管理研究院和社会学院过程中，经过全体师生的共同努力，主要取得了三个方面的重大成果。一是服务党和国家战略决策，为党中央、国务院和有关部门、地方提供了200余项有重要价值的决策咨询建议，产生了一批有重要社会影响的理论和学术研究成果。二是立足北师大学校实际，探索了一条智库建设与学科发展、人才培养有机融合、相互促进、协同发展的新路，积累了宝贵认知和经验。三是吸引和汇聚了一批优秀人才，包括一些青年才俊，锻炼出了一支能干事会创业的团队，特别是培养了一支既能从事决策咨询研究又善于做教学科研的人才队伍。所有这些，有力提升了中国社会管理研究院、社会学院的决策影响力、学术影响力、社会影响力，为北京师范大学建设中国特色世界一流大学贡献了智慧和力量。

回首这十年，我倍感欣慰，不仅开拓了退出领导岗位后一段新的人生历程和新的事业，为党、为国家、为人民做了一些有益的事情，也对培育过我的母校作出了些许回报。这部《情系北师大——十年耕耘纪实》，以全景纪实的写法，图文并茂的形式，真实地记述了我对北京师范大学的真挚情怀和在退休后回报母校的部分工作历程与主要活动。全书共分为五章。第一章师大情缘，主要追忆我在北师大求学的经历和感悟，以及为母校建设和发展所做的一些往事。第二章智库建设，主要记述我十年来创建中国特色新型社会治理智库所开展的工作和取得的成效。第三章励教育人，主要反映我在社会学学科建设和人才培养方面作出的努力和贡献。第四章开放办院，主要呈现我在开展国内外合作和社会服务方面的活动与成效。第五章支持母校其他事业发展，主要记录我关心和支持学校其他方面工作的经历。这些真实的记录、回忆和感悟，既是我在北京师范大学学习、生活和工作的生动缩影，是收藏于心底的美好记忆；于北京师范大学中国社会管理研究院和社会学院而言，也是创建中风雨路程的真实写照，是未来踔厉奋进的历史积淀。

本书的编写，北京师范大学中国社会管理研究院和社会学院的朱瑞、陈炜、李放、王焱等同志作了资料收集、照片遴选和编辑工作，李建军、鹿生伟、赵秋雁同志指导编写并审阅书稿，都付出了大量心智和辛劳；北京师范大学出版社给予了大力支持和帮助。在此，我一并表示诚挚的感谢。

2022年9月，正逢北京师范大学120华诞，谨以此书礼颂我亲爱的母校。

魏礼群

2022年7月

第一章

师大情缘

一、求学岁月

1963年，我从江苏省睢宁县李集中学考入北京师范大学历史系，1968年大学毕业，转眼间已经超过半个世纪。在这五十多年的岁月里，我曾先后供职于内蒙古牙克石林业管理局、国家计划委员会、中央财经领导小组办公室、国务院研究室、国家行政学院；2012年从领导岗位退下来之后，又在中国行政体制改革研究会、中国西部人才开发基金会、中国国际经济交流中心、北京师范大学等多个单位工作。回首往事，五年的北师大学习经历刻骨铭心、终生难忘，为我的人生道路奠定了坚实的基础。

记得1963年5月，填报高考志愿时，每个人可以填报三个志愿，由于家境贫寒，我都选报能够免费上学的师范院校：第一个是徐州师范学院，第二个是南京师范学院，第三个是北京师范大学。因为仰慕司马迁作《史记》的胸襟与抱负，我的三个志愿都选择了历史专业。在填报志愿时，我同班好友许春桂见我空着一个志愿，又觉得我成绩好，便帮我加填了第三志愿——北京师范大学历史系。能到北京读书，我梦寐以求，却又觉得高不可攀。但我人生第一次大的机遇真的降临了。后来得知，这一年，北京师范大学历史系顾诚教授到江苏录取学生，我便是在江苏被录取的四名学生之一。1963年8月23日，在朱集乡邮政所接到北京师范大学的录取通知书的那一刻，我不敢相信这一事实，但毕竟梦想成真，激动不已。我在日记中写道："去北京上大学，万分高兴。夜不能寐，浮想联翩。"1963年8月28日上午，我怀揣崇高志向和家乡父老厚望，满怀激情地奔赴北京上大学，这也是我第一次乘火车、坐轮船长途跋涉。因为山东遭受暴雨，冲断了津沪铁路线济南以北路段，火车停止运行，后来辗转烟台市乘轮船经天津港又坐火车，于9月2日才到达北京师范大学。

1963年，国家刚刚度过"三年经济困难"时期，北京师范大学全面开展艰苦奋斗教育、思想政治教育、忠诚党的事业教育。使我感到荣幸的是，当时正值被毛泽东主席称之为"国宝"的著名历史学家陈垣先生担任校长，著名的马克思主义历史学家白寿彝先生担任历史系主任，著名历史学家何兹全先生为历史系副主任，精明强干的冯效南老师为历史系党总支书记，善于做青年工作的金春芳老师担任历史系团总支书记，年轻有为的黎虎、顾诚老师担任班级政治辅导员，还有十余位在历史学界颇有名望的教授和一批知识渊博的中青年教师任教。那时，白寿彝教授、何兹全教授等德高望重的史学大家，都亲自给我们授课。这些一流历史学家崇尚真理的品格、严谨治学的态度和科学求实的精神，多年来一直深深地影响着我。

1963年10月，魏礼群（第三排右三）与1963级全班同学合影。

1968年8月，魏礼群（第二排左六）与1963级部分同学在校园内合影。

在北京师范大学的前两年，学校大抓教学质量，读书之风大兴。同学们上课时专心听老师讲授，下课后争先恐后到图书馆读书；班级里成立"百花园"编委会，开展学术讨论，探求真知。放假期间，有时到城郊帮助农民收割小麦，腰酸腿疼，两手磨出血泡，体验到收割小麦劳动的辛苦；有时到街道帮助清扫厕所、掏粪，受到不怕脏和累的锻炼。我严于律己，积极上进，1964年下半年，被评选为学习毛主席著作积极分子，并在全系师生大会上作经验介绍；1965年5月15日，被批准加入中国共产党，是（史三）班级中最早成为中国共产党党员的学生。所有这些，至今都历历在目，记忆犹新。

1965年9月至1966年6月初，我随同北京师范大学工作队参加山西长治县社会主义教育运动，在八义工作团办公室工作，担任八义工作团团委书记，协助工作团领导做青年工作，主要是给历史系党总支书记、八义工作团副团长冯效南老师作助手，负责北京师范大学师生的联络工作。这让我在学生阶段就受到做社会实践工作的锻炼，终身受用。特别是这期间我主动给冯效南书记做参谋和服务工作，了解、沟通师生在运动中的工作和生活情况，积极做好工作团办公室工作，深得工作团领导和效南书记的信任与好评。后来在"文化大革命"中，效南书记被错误地遭受迫害，我也一度受到错误冲击。在她落难的日子，我和贵芹都表示过同情与慰藉，她也一直记在心里。

1969年12月，魏礼群与周贵芹结婚合影。

在大学的五年间，由于家境十分困难，我受到学校给予的特殊关爱和关照。刚入学校不久，1963年10月5日，学校就发给我一条新毯子，10月15日又发给我一条新被子，使我冬天不会受冻。从进入大学到毕业，每月助学金都是最高标准19元，每天花5角钱生活费，每月还能有三四元钱购买书籍和学习用品。如果没有母校在生活上无微不至的关怀照顾，我根本就不可能顺利度过五年大学生活。

1969年12月，魏礼群与夫人周贵芹在天安门广场人民英雄纪念碑前合影。

在大学的五年间，我结识了同班同学、后来成为终身伴侣的周贵芹同学。她是从北京女二中考入北京师范大学历史系的。一、二年级时，她担任班长，学习勤奋，工作认真，性情温和，心地善良，待人宽厚。经过真心相处，我们二人许下百年好合。1968年12月大学毕业时，我们一起被分配到内蒙古牙克石林区工作，1969年12月结婚。这是我一生中最大的幸运。五十多年来，我们相濡以沫，同甘共苦。她是最好的贤内助，对我的学业、职业、事业都有很大的帮助，承担了几乎全部家务和亲朋往来事务。有同事说，我与贵芹结为夫妻，是我一生最大的成功。

在北京师范大学历史系读书期间，我得到过一些系领导和老师的特别关爱，工作后对他们始终心存感激、感念，经常前往看望。例如，当年的历史系副主任、著名历史学家何兹全先生，曾经亲自为我们讲授南北朝史等课程，待人和蔼亲切，给我留下深刻印象。2010年1月9日，学校举办祝贺何兹全教授百岁华诞暨八卷本《中国中古社会和政治》首发仪式。我同夫人周贵芹前往会场当面祝贺，并回忆当年聆听他的教诲时的情景，我们都非常开心。何先生还送我一套新出版的八卷本大著。时过一年多，2011年2月15日晚，惊悉何先生驾鹤仙逝，我随即到学校在英东学术会堂设定的灵堂瞻仰哀悼，送别恩师。又如当年的历史系团总支书记金春芳老师，在学校读书时对我关爱有加。1965年9月至1966年6月初在山西长治进行社会主义教育运动期间，他安排我在八义工作团政治处做团委书记，接受实际工作锻炼，并经常下达任务，进行具体指导。大学毕业后，特别是我和夫人周贵芹调回北京工作后，他对我们也多有帮助，我在国家计委和中央财经领导小组办公室工作期间经常往来。1996年春节，我与贵芹到他家拜年，并与他及夫人尤素湘老师合影留念。2019年5月4日，我与贵芹一道前往河北省三河市燕达金色年华健康养护中心，看望在那里安度晚年的金春芳老师。在亲热叙谈之后，他留我们在康养中心用午餐，带领我们参观康养中心设施，还对国家如何改进老年人健康养护工作提了一些建议。在北京师范大学的五年里有许多令人难忘的人和事，这些也是我一直情系北师大的重要缘由。

1996年春节，到北京师范大学历史系老师、团总支书记金春芳家拜年。左一魏礼群，右二金春芳，右一尤素湘，左二周贵芹。

回首往年，北京师范大学之于学生，不仅是读书学习和生活关照，更是做人的熏陶与奠基。刚入大学接受的第一次教育活动，就是进行"为谁学习"的教育，要求树立为党和人民事业而学习的志向，树立正确的世界观、人生观。多年来，我始终遵循北京师范大学光荣的革命传统和优良作风，谨记"学为人师，行为世范"的校训和师长教诲，刻苦学习，勤勉敬业，竭诚为国家和社会效力。大学毕业后，我虽然多年在边远基层生活，又调换过多个工作单位，置身于多种生活环境，但都能够很快地适应各个岗位的工作。特别是在中南海先后供职中央财经领导小组办公室、国务院研究室，直接服务中央高层领导。如果没有大学时期奠定的政治思想基础和各方面的知识储备，就很难在这些特殊的工作环境和重要岗位上为党、国家作出较多的贡献。

二、心系母校

1968年7月，我从北师大毕业，受"文化大革命"影响，12月才离开母校。我一直以来心系北师大，母校培育之恩，让我念念不忘。几十年来，我经常与北师大校领导就学校发展问题进行联系和沟通。1978年2月，在冯效南恩师的推荐下，我和周贵芹夫妇二人一起从内蒙古牙克石林区调到国家计委工作。从那时开始，我就与北师大母校老师、校友建立了密切联系。受教于北京师范大学重视教育事业的思想启迪，我特别重视教育改革和发展研究。1981年，我在国家计委政策研究室撰写的《我国实行义务教育制度的初步探讨》一文，就以笔名"卫国强"的名义刊发在《北京师范大学学报（社会科学版）》1981年第4期。这篇文章，明确提出了"要建立我国的教师节"，还明确提出了"制定义务教育法"，并建议"纳入国家宪法"。这篇文章引起了社会广泛关注。

我在履职过程中，关心母校发展。特别是在中央财经领导小组办公室和国务院研究室工作期间，我通过多种渠道和方式建言党和国家领导人，重视国家教育特别是教师教育事业改革和发展。2006年5月4日的青年节，我陪同温家宝总理到北师大看望师生，向青年朋友致以节日的祝贺，当时在图书馆、学生宿舍、食堂等地方，与青年学生交流。温总理在交谈中指出：要提倡教学相长，一方面学生要听从师长的教诲，另一方面老师也要向学生学习。青年人朝气蓬勃，敢想敢说，求知欲强，勇于探索，老师在严格要求学生的同时要了解学生，和他们结为朋友。我们强调以人为本，在学校就是要以学生为本。这些铿锵有力的话语赢得了热烈的掌声，让师生备受激励和鼓舞。2007年9月9日的教师节，我又一次陪同温家宝总理到北师大看望刚刚入学的免费师范生，在英东学术会堂与师生座谈。温总理在座谈中指出，教育事业是人类最崇高的事业，教师是太阳下最光辉的职业，教师不仅可以影响一个学校的孩子，还可以影响整个社会。希望师范生在这所有光荣传统的学校里，接受文化的熏陶，感受人文情怀的温暖，呼吸自由的空气，真正享有智慧之光、仁爱之美，成为德才兼备的人民教师。他说，目前，师范生免费教育制度已在全国6所师范大学试点，实施这一制度，就是要在全社会真正形成尊师重教的浓厚氛围，让教育真正成为受尊重的事业，鼓励更多的优秀青年终身做教育工作者。现在回想起来，我因感念师恩，时刻心系母校，为母校教育事业发展贡献出了绵薄之力而深感欣慰。

2007年11月，我还在担任国务院研究室主任时，受到时任北京师范大学党委常委、副校长韩震和经济与资源管理研究院院长李晓西邀请，经学校学术委员会会议通过，被聘任为经济与资源管理研究院政治经济学专业、宏观经济理论与实践方向的博士生导师。当时，我和李晓西院长联合招生和培养，一直持续到2013年，培养

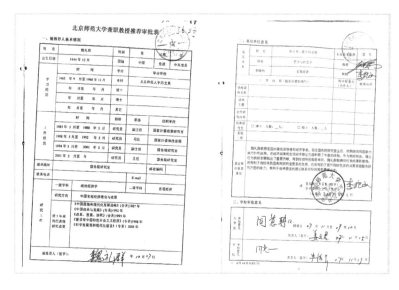

魏礼群于2007年11月被聘任为兼职教授的推荐审批表。

北京师范大学2009年留学博士生招生专业目录		
单位代码：10027	地址：北京市新街口外大街19号	邮政编码：100875
联系部门：经济与资源管理研究院	电话：01058801013	联系人：王颖 范丽娜
专业代码、名称及研究方向	研究方向	招生导师
014经济与资源管理研究院 **020101政治经济学**	01宏观经济理论与实践	李晓西 魏礼群 卢中原
	02市场经济理论与实践	李晓西 张琦 韦胜堡 刘世锦

北京师范大学2009年学术型博士生招生专业目录。

了何奎、王雪磊、刘永强3位博士研究生，他们都很优秀，在自己的工作岗位上作出了突出贡献。此后，我又在社会发展与公共政策学院招收公共管理专业社会管理方向的博士生，这之后又在社会学院招生，先后培养了20余位社会管理和社会政策研究方面的专业人才。

2007年，国务院决定在教育部直属师范大学实行师范生免费教育。温家宝总理亲自倡导和推动部属师范大学师范生免费教育。这是党中央、国务院为促进教育发展与教育公平采取的一项重大政策措施，其目的是通过试点，积累经验，建立制度，为培养造就大批优秀中小学教师和教育家奠定基础。一年之后，时任北师大副校长的樊秀萍代表学校送给我一份关于免费师范生教育培养的工作总结报告，我看了以后，感觉免费师范生教育培养工作进展顺利，但还需要解决一些问题，于是立即把这个工作总结报告报给了国务院总理温家宝，总理当天作出重要批示，推动了实际工作开展。之后，按照温总理指示，我还两次到北师大专门听取校领导对办好免费师范生工作的意见和建议。

2007年，学校校友总会与我联系，希望能够采访我。因为一直关心着母校的发展，也想同老师和同学们见见面，聊一聊学校情况，我欣然接受了这次专访。还记得那是个星期天，北师大校友会办公室郭军丽、校电视台栾敬和记者少峰（学生志愿者）一起来到中南海我的办公室，我热情接待了他们，并与他们分享了我在北师大的求学经历，毕业后的工作历程以及对母校的感激之情。我在采访中谈道："母校既给了我人格的陶冶，又给了我基本素质的养成，为我一生做人、立事打下了坚实的基础。几十年来，我始终遵循'学为人师，行为示范'的校训，牢记师长的教诲，刻苦学习，勤勉敬业，竭诚为国家、社会效力。在今后的事业中，我将一如既往，恪尽职守，扎实工作，为母校增光添彩，为国家和人民多作贡献。"我也对母校发展提出了希望："百年大计，教育为本。希望母校坚持全面贯彻党的教育方针，深化改革，勇于创新，大力实施素质教育，提高教育质量，努力建设综合性、研究型、有特色的世界知名的高水平大学。希望母校的教师能够为人师表，严谨笃学。希望广大的学弟学妹志存高远，树立远大的理想和正确的世界观、人生观、价值观，珍惜在校的每一天，刻苦学习，打好基础，厚积薄发，用自己的青春和才华报效祖国，干出无愧于祖国和人民的事业。"采访之后，形成了一篇题为《自强不息 厚德载物——访魏礼群学长》的报告，后来收入《辉煌的报告——北京师范大学优秀校友风采》一书。这篇报告由五个部分组成：一是师大生涯，奠定终生；二是林海十载，弥砺弥坚；三是长袖善舞，政绩卓著；四是丰碑无语，行胜于言；五是款款深情，心系母校。在文章最后，采访者写道："从江淮平原上的农家小屋，到大师云集的高等学府；从大兴安岭浩荡无际的林海，到新中国几代领导人工作的中南海，魏礼群学长一步一个脚印，不断超越自我，经受了时代的考验，挑起了历史赋予的重任，成长为党和国家的高级干部，展示了优秀政治家和杰出学者的风范风采。他那勤于求实、勇于创新的进取精神，兢兢业业忘我奉献的工作作风，还有率先垂范的人格魅力，是他所创造的另一种宝贵的财富，值得我们每个人去赞美，去深思、去景行行止。"

后来我了解到，2007年1月，为配合学校接受教育部的本科教育教学评估工作，学校"迎评办"批准了校友总会编辑优秀校友资料汇编的立项申请，按照项目计划，当时入选汇编的优秀校友人数超过3000人，由于字数与篇幅的限制，首先将对105位优秀校友的采访报告纳入系列图书的第一卷，这第一部校友风采图书于2008年由北京师范大学出版社出版。

受邀出席百年校庆活动。北京师范大学是教育部直属重点大学，是一所以教师教育、教育科学和文理基础学科为主要特色的著名学府。学校的前身是1902年创立的京师大学堂师范馆；1908年改称京师优级师范学堂，独立设校；1912年改名为北京高等师范学校；1923年更名为北京师范大学，成为中国历史上第一所师范大学。1931年、1952年北平女子师范大学、辅仁大学先后并入北京师范大学。百余年来，伴随着中国人民为争取民族独立、国家富强和人民幸福而奋斗的历程，北京师范大学不断成长和发展。北师大的师生们曾积极投身于"五四""一二·九"等反帝反封建的革命运动，表现了崇高的爱国主义精神。在新文化运动中，北师大成为传播新思想和提倡新文化的重要阵地，李大钊、梁启超、鲁迅、钱玄同等曾在这里弘文励教。北师大培养了一大批道德高尚、学业精深的人民教师和国家需要的优秀人才，涌现出了许多杰出的革命家、教育家、科学家和社会活动家，为党和人民的事业作出了重要的贡献。在百年的历史长河中，北师大的广大师生，以对祖国和人民的高度责任感，努力实践"学为人师，行为世范"的校训，形成了爱国进步、诚信质朴、求真创新、为人师表的优良传统。北师大已经发展成为师资力量雄厚、学术声誉远播的著名学府，并正在向以教师教育为主的中国特色世界一流大学迈进。

2002年和2012年，北师大分别举行了建校100周年和110周年庆祝活动，我应邀出席了这些活动。2002年9月8日，在我国第18个教师节到来之际，北师大在人民大会堂举行建校100周年庆祝大会，那时，我担任国务院研究室党组书记、主任，作为北京师范大学校友代表应邀在大会主席台就座，受到一次回望母校、热爱母校的教育。时任中共中央总书记江泽民出席大会并发表重要讲话，朱镕基、李瑞环、胡锦涛、尉健行、李岚清出席大会。会上，时任教育部部长陈至立代表教育部致贺词，北京市委书记、市长刘淇代表北京市委和市政府致辞，北京大学校长许智宏院士、法国巴黎高等师范学校校长加伯利埃尔·于杰也对北京师范大学百年校庆表示祝贺。北京师范大学校长钟秉林、党委书记陈文博和教授何大澄、学生代表蔡晓芳在大会上发言。中央国家机关有关部门的负责同志，部分海内外知名大学校长，北京师范大学校友代表，学校师生员工代表6000余人参会。江泽民同志在讲话中指出，只有按照"三个代表"要求，大力推进教育创新，不断发展中国特色社会主义教育事业，才能不断为我国经济和社会发展培养高素质的劳动者、建设者、管理者和领导者。他强调，当今时代，科技进步日新月异，国际竞争日趋激烈。各国之间的竞争，说到底，是人才的竞争，是民族创新能力的竞争。教育是培养人才和增强民族创新能力的基础，必须放在现代化建设的全局性战略性重要位置。我们要继续坚定不移地实施科教兴国战略，不断培养大批合格的中国特色社会主义的建设者，不断造就大批具有丰富创新能力的高素质人才，不断提高全民族的思想道德素质和科学文化素质。这是实现中华民族伟大复兴的必然要求，也是我国社会主义教育事业的历史任务。江泽民同志最后寄语全国青年，勇敢承担起建设祖国的历史重任，为祖国和中华民族的美好未来而不懈奋斗。对这一讲话，全场报以长时间的热烈掌声。

2012年9月1日，我应邀出席学校组织的在京中央国家机关校友代表北京师范大学110周年校庆座谈会。我在讲话中指出，110年前，在中华民族内忧外患、风雨飘摇的历史背景下，北京师范大学的前身京师大学堂师范馆开始招生，开启了中国现代高等师范教育的先河。110年来，北京师范大学伴随着民族独立、人民解放和国家富强的伟大历程不断成长和发展，培养了数以万计的人民教师和国家需要的优秀人才，为党和人民的事业作出了重要贡献。同时，形成了"爱国进步、诚信质朴、求真创新、为人师表"的优良传统和"学为人师，行为世范"的校训，积聚了宝贵的精神财富和办学经验。特别是百年校庆以来，坚持以教师教育为主要特色，大力推进教育改革创新，全面提升办学水平，在建设世界知名大学的进程中取得可喜成绩，为建设世界一流大学打下了坚实基础。我们为母校的巨大成就和辉煌业绩感到欣慰和自豪。我同时提出，这次座谈会以"坚持教师教育特色，建设世界一流大学"为主题，清晰地反映了学校的功能定位和更高水平的奋斗目标，也可以说是抓住了学校未来科学发展的主题主线，希望紧紧围绕这一主题和主线，继往开来，凝心聚力，彰显特色，创建一流。为此，我提出四点建议：坚持突出办学特色，坚持提高教育质量，坚持高标准高水平，坚持推进改革开放。还记得当时我受学校领导委托，为了争取中央领导参加学校110周年庆典活动，我特意向温家宝总理作了汇报，并获得了邀请温总理为学校成立110周年的题词。

9月8日晚，北京师范大学建校110周年校庆晚会在邱季端体育馆隆重举行。我受邀参加了晚会。学校领导班子成员、老领导，两院院士、资深教授等教师代表，以及社会各界受邀嘉宾、校友代表等近2000人现场观看了演出。晚会以"木铎金声、京师风范"为主题，旨在表现北京师范大学建校110年来始终与民族共命运、与时代同进步的不平凡的历程。晚会在热烈、厚重、喜庆的气氛中拉开了序幕，整场晚会分为"经——学之本""史——国之魂""子——师之德""集——时之文"

四个篇章，以我校师生为演员主体，融合了诗朗诵、合唱、舞蹈、民乐、武术操、访谈等多种形式，艺术地再现了北师大人"学为人师，行为世范"的精神气质和弘文励教的不懈追求。

组建和主持历史学院（历史系）校友分会工作。2012年9月8日下午，北师大校友总会历史学院（历史系）校友分会成立大会在敬文讲堂隆重举行，我受邀出席并发表了讲话。北京师范大学校领导出席大会并致辞。原历史系党总支书记冯效南老师，副书记景存玉、许根琬老师和团总支书记金春芳老师、庄建镶老师，历史学院资深教授刘家和先生，历史学院校友、中共中央政策研究室常务副主任何毅亭，卫生部党组书记、副部长张茅，军事科学院科研指导部副部长、少将皮明勇学长等，以及副校长郝芳华，校内各院系所、机关部处负责同志，历史学院历届校友、在校师生等共计500余人出席了大会。大会由历史学院分党委书记耿向东主持。学校领导人作了致辞。93岁高龄的冯效南老领导坐着轮椅光临会议，并让女儿代为宣读她的讲话。大会通过了历史学院校友会章程，推选并成立了历史学院第一届校友会领导机构，我被推选为历史学院校友会首任会长，国家行政学院人事局局长、1987届校友樊秀萍担任秘书长，商务印书馆总经理、1986届校友于殿利，以及王莉莉（中纪委委员、广电总局纪检组组长，1981届）、王京生（广东省深圳市委常委、宣传部部长，1983届）等24人担任副会长，周贵芹（国家信息中心原党委书记，1968届）、郭大钧（北京师范大学历史学院教授，1958届）、晁福林（北京师范大学历史学院教授，1965届）等近百位同志担任常务理事。

会上，我发表了讲话。我说：历史学院应该有一个自己的校友会。历史学科是北京师范大学最早形成的科系之一。在110年的发展中，历史学院群英荟萃，名师大家辈出，培育人才，桃李满天下，引领学科发展，为国家、为社会、为学校作出了巨大的贡献。20世纪60年代我就读北师大历史系时，是毛泽东主席称之为"国宝"的著名历史学家陈垣先生担任校长，著名的马克思主义历史学家白寿彝先生担任历史系主任，著名的历史学家何兹全先生为系副主任，拥有一批在我国历史学界颇有名望的教授和学养深厚的中青年教师任教，还有由政治坚强的冯效南、王文瑞、景存玉、金春芳等系党总支领导干部。他们的言传身教，如春风化雨，润物无声，给我和同学们留下了深刻的印象。那时的历史系在全校各系乃至全国高等院校历史学科中名列前茅，是名校中的名系，在国内外享有很高声誉。我们都引以为豪，历史系的学生也令人羡慕。改革开放新时期以来特别是近些年来，尽管有着这样或那样的困难和挑战，我们历史学院还是保持了良好的发展势头，办院规模逐步扩大，办院水平不断提升，在教学、科研和人才培养等方面取得了骄人的业绩，为北师大建成综合性、研究型、有特色世界知名高水平大学发挥了重要作用。更为可喜的是，长期以来，历史学院群星灿烂，万千学子活跃于政界、教育界、科技界、文化界、企业界等部门、地方和各行各业,展现才华,建功立业,特别是涌现了一大批优秀的人民教师,为国家和人民事业发展作出了突出贡献,以突出的成就和良好的风貌为北师大、为历史学院赢得了良好的声誉和广泛的赞扬。我们校友以北师大和历史学院为荣,北师大和历史学院也以校友为荣。历史学院领导和广大校友都渴望有一个充分展示学院成就与校友风采,加强校友之间、学院与校友之间交流、沟通,以期互相促进、互助互惠的平台。因此,今天历史学院校友会的成立,既适应了历史学院和校友们今后事业发展的需要,又充分反映了历史学院和广大校友的心愿。

会上,我也表达了自己作为会长应尽的职责。我对母校和历史系一直心存感激之情、感恩之心,愿为母校和历史学院发展尽微薄之力,在这个岗位上竭尽全力有所作为。一要积极组织开展活动,广泛凝聚校友,把校友会办成校友之家;二要建立工作长效机制,使校友会广聚资源,实现可持续发展;三要努力搞好服务,尽可能帮助解决校友会发展中的实际困难,为校友会工作创造必要的条件。

在酝酿成立历史学院校友会时,我就提出要制定好章程,明确办会宗旨、业务范围、人员构成、义务职责、经费来源等。经过多次研讨,制定了《北京师范大学校友总会历史学院校友分会章程》,明确规定了校友会宗旨是遵守中华人民共和国宪法、法律、法规和政策,开展各项活动,维护国家根本利益,促进教育文化、科学技术、经济发展和社会进步;加强海内外校友之间、校友和学院之间的联系,增进友谊,加强团结,增强学院对校友的凝聚力,扩大学院在海内外的广泛影响;发扬学院的光荣传统和优良学风,开展各种活动,为学院建设和发展作贡献;本会接受北京师范大学校友会的业务指导和监督管理。业务范围有四个方面,包括广泛联系海内外校友,组织校友的各种活动;组织海内外校友为历史学院的人才培养、科学研究、招生就业等做好服务工作;设立北京师范大学历史学院校友基金,为历史学院的发展和校友活动提供支持;编辑《北京师范大学历史学院校友通讯》。

章程规定,凡在北京师范大学历史学院(含原史地系、历史系、史学所、分校历史系)学习、进修、培训和工作过的学生(员)和教职工,均为校友会会员。会员义务是履行积极参加校友会活动;执行本会的决议;维护本会合法权益。本会的最高机构是会员代表大会。会员代表大会的职责是:制定和修改章程;选举和任免常务理事;审议常务理事会的工作和财务报告;决定其他事宜。会员代表大会每届五年。因特殊情况需提前或延期换届的,由常务理事会研究确定。同时设立常务理事会。常务理事会由会员代表大会推举产生。常务理事会是会员代表大会的执行机构,在闭会期间负责本会日常工作。北京师范大学历史学院校友会的主要负责人、历史学院党政主要负责人、各班级联络人为常务理事会成员,其职责为执行会员代表大会的决议;推举和任免会长、副会长、秘书长等;筹备召开会员代表大会;向会员代表大会报告工作和财务状况；制定内部管理制度；决定其他重大事项。常务理事会须有二分之一以上理事出席方能召开，其决议须经到会二分之一以上常务理事同意方能生效。常务理事会每年至少召开一次会议；情况特殊时，也可采用通讯形式召开。本会会长、副会长、秘书长任期五年，可以连任。会长职责：召集和主持常务理事会；检查会员代表大会、常务理事会决议的落实情况。秘书长职责：主持开展日常工作，组织实施年度工作计划。经费来源：会费（自愿缴纳）；捐赠；学校资助；在核准的业务范围内开展活动或服务的收入。这里需要说明，由于各种原因，以上章程中规定的内容没有完全做到。

校友分会成立后，开展了不少工作。2015年5月15日，历史学院耿向东书记与学校教育基金会、学校校友总会领导，赴深圳看望慰问历史学院90岁高龄的彭建华学长。5月16日，耿向东书记前往广州和长沙，看望在粤湘两地的校友，向校友们介绍了学院近年来在人才培养、科学研究等方面取得的新进展，交流了校友会正在开展的工作。由我提议，2015年7月，历史学院校友分会召开秘书长工作会议。会议重点讨论了搜集整理历史学院（系）发展史资料、筹划编纂历史学院（系）史的相关事项。整个工作分三步进行：第一，开展院（系）史档案资料和校友资料的搜集整理，为编纂院（系）史打下基础；第二，在搜集资料的基础上，编纂历史学院（系）影像资料集，分1902年至1949年和1949年至2012年两部分；第三，在前两项工作的基础上进行院史的编纂。会议确定，2015年要落实整理编纂工作的人员，并初步完成影像资料集和校友风采录的编辑工作。经过两年的努力，2017年7月至8月，以内刊形式印发《北京师范大学历史学科教职工、学生名录》《历届毕业生影集（1949—2017）》《北京师范大学历史学院（历史系）校友风采录》。这些是北京师范大学成立115年以来第一次比较全面、系统地汇编历史学人的名录、影集和风采集，是十分珍贵的历史资料。

2021年，为了进一步推动校庆120周年纪念活动的开展，总结校友分会的工作成绩，6月4日我主持召开校庆筹备会工作会议，布置校庆工作。历史学院张皓院长和历史学院（系）校友会秘书长樊秀萍、副秘书长刘淑玲老师等参加了会议。7月22日，历史学院成立了校庆

2022年1月13日，与历史学院和校友会部分领导合影。中间魏礼群，左一樊秀萍，左二刘淑玲，左三耿向东，右三张皓，右二赵云慧。

工作领导小组，耿向东书记、张皓院长任组长，负责具体工作和参与此项工作。在经费筹集方面，2021年与学校基金会一起积极参与联系校友工作，得到1957届校友捐款2000万元，用于支持学校和学院的学科建设与发展。经过审议，其中100万元用于设立专门校友奖学金，大力支持在校本硕博拔尖学生培养工作（含珠海校区）。1984级校友捐款15000元；1991级校友捐款7800元，用于资助生活困难同学。

经过两年多努力，由我担任主编、历史学院第一届校友会和历史学院组织编辑的《桃李不言　下自成蹊——北京师范大学历史学院（系）校友合影集》和《校友名录》已经完成，并于2022年9月正式出版面世。我为这两部史料集写了序言。这两部史料集在之前形成内部印发的基础上，进一步充实、校正，以图片文字形式，记录了120年来一代代北京师范大学历史学人的独特风采，值得珍藏。这也是我近十年来担任历史学院校友会会长作出的一点贡献。

2021年10月，根据规范中管干部在高校任职的要求，我辞去历史学院校友会会长职务。2022年1月13日，我又邀请历史学院领导班子和历史学院校友会几位同志一起，进一步研究落实历史学院校友分会换届和120周年校庆准备工作。樊秀萍、耿向东等参加会议。我曾在《北京师范大学历史学院（历史系）校友风采录》中写道："校友是学校最宝贵的财富，校友文化是学校文化的重要组成部分，校友的每一点成就都是学校的无上荣光。"我能够在暮年被推选为历史学院校友会首任会长，为曾经教育和培养过我的历史学院，以及通过挖掘和整合校友资源为母校建设和发展添砖加瓦，深感欣慰。当然，还有一些事想做没有做，或没有做好，也颇感遗憾。

三、十年耕耘

"最美不过夕阳红，温馨又从容，夕阳是晚开的花，夕阳是陈年的酒，夕阳是迟到的爱，夕阳是未了的情。"这首赞美人生晚年的歌，情感丰富，寓意深刻，激励着我安排晚年的生活。2013年8月，党中央正式批准我退休。我从领导岗位退下来后，党中央、国务院多位领导十分关切地嘱咐，让我继续发挥三十多年在中央国家机关综合部门工作和直接服务中央高层领导的经验和优势，参加智库建设工作。我按照中央领导的指示，退而不休，通过多条渠道、多种形式，继续为党和国家服务，特别是从事学术研究和智库建设活动。

2008年5月，我离开国务院研究室到国家行政学院工作后，就收到几个大学和科研机构的邀请，希望我去他们那里任职特别是主持决策咨询研究工作，都被我

——婉拒。2010年暑假后，第九届、第十届全国政协副主席罗豪才邀请我去北京大学拟成立的一个学院担任院长；北京师范大学党政主要负责人也向我发出聘任邀请，之后，北师大党政领导又与我进行了几次沟通、邀请。2010年9月初，时任北京师范大学社会发展与公共政策学院院长张秀兰教授也希望我出面牵头，在北京师范大学成立社会管理研究院。当时，在我的领导和推动下，国家行政学院形成了一批关于社会管理研究的重要成果，聚集了一批专家人才，在社会管理领域产生了较大影响，成为全国社会管理研究领域的排头兵。我考虑，北京师范大学是我的母校，回报和服务母校理所应当。同时，我在国家计委和国务院研究室工作期间，也积累了社会建设和社会管理方面的知识，并且2007年11月我还在国务院研究室工作时，就被北京师范大学聘任为兼职教授和博士生导师。经与教育部部长商议并报经国务院领导同意后，才答应到北京师范大学工作。

此后，我组织制定了《北京师范大学中国社会管理研究院建设方案》。在建设方案中，阐述了建设中国社会管理研究院的重要性、紧迫性和办院模式，以及工作计划。我当时提出建设目标是为发展中国特色社会主义现代化事业服务，创办中国高水平社会管理研究机构。方案中明确提出了研究院定位，就是努力建设在中国社会管理领域具有一流学术水准和重要影响力的高端"智库"，服务于北师大建设世界一流大学，服务于国家发展战略与社会建设和社会管理创新。

2010年10月20日，北京师范大学党委常委会议决定，聘任我为新成立的中国社会管理研究院院长。2015年1月13日，学校将哲学与社会学学院的社会学系、文学院民俗学方向相关资源整合，成立社会学院，又聘请我担任社会学院院长。至此，我成为中国社会管理研究院和社会学院"两院"的创始院长。

1. 创建中国社会管理研究院

我接受北京师范大学邀请出任中国社会管理研究院院长，是作了慎重考虑的。一方面，因为我长期在党中央、国务院重要综合部门工作，主要从事宏观经济管理和政策研究，也一直从事着社会建设和社会管理方面的理论与政策研究，我深知社会建设和社会管理十分重要。另一方面，北师大是我的母校，为母校贡献自己所能是义不容辞的责任。北京师范大学成立中国社会管理研究院的决定，得到了党和国家领导的重视与支持。2011年4月25日，在我报送的《北京师范大学中国社会管理研究院简介》上，国务委员兼国务院秘书长马凯作出重要批示。5月3日，中共中央政治局委员，国务委员刘延东在《关于举办中国社会管理研究院成立大会及首届中国社会管理论坛的报告》上作出了重要批示。

2011年5月7日，北京师范大学中国社会管理研究院成立大会暨首届中国社会管理论坛在北京师范大学英东学术会堂举行，这次论坛主要围绕"中国特色社会管理体系建设和社会管理创新实践"的主题展开研讨。会上，校长为我颁发了中国社会管理研究院院长的聘书。我在大会上发表了主题为"为什么要成立中国社会管理研究院，我为什么出任研究院院长和怎样办好研究院"的讲话。在讲话中，我阐述了应允担任研究院院长的四个方面考虑。第一，我深知社会建设和社会管理十分重要。加强和创新社会管理是我们国家新形势、新任务的迫切需要，是发展中国特色社会主义事业的内在要求，也是我们国家长治久安、人民幸福安康的关键所在。致力于社会管理研究的工作意义重大，服务于党和国家的战略需要是我毕生的追求。第二，我长期在党中央、国务院重要综合部门工作，从事宏观经济管理和政策研究，同时也从事社会建设和社会管理方面的理论与政策研究。三十多年来，我参与和主持了党中央、国务院一系列重要文件和领导人重要讲话的起草，主持过许多重大课题的研究，这些重要文件和重大课题研究，许多都涉及社会建设和社会管理方面。在这个过程当中，我对社会管理积累了一些知识，对社会发展的理论研究和实践探索也取得了一些富有价值的研究成果，所以我具有一定的履职基础。第三，北京师范大学是我的母校，为母校贡献自己所能是学生义不容辞的责任。20世纪60年代，我在北京师范大学历史系读书五年，令我受益匪浅，终生难忘。我对北京师范大学充满感激之情，理应回报母校的培养。因此，我愿意与北京师范大学的领导和师生们一道，为办好社会管理研究院贡献绵薄的力量。

与此同时，我在讲话中对研究院的主要职责、工作原则以及办院理念和院风作了一些说明，并明确指出：中国社会管理研究院的成立承载着重要的使命和任务，我作为研究院院长，将践行研究院的宗旨，忠于职守，不辱使命，为此要做到以下

北京师范大学文件

师设〔2010〕3号

北京师范大学
关于成立中国社会管理研究院的决定

经2010年10月20日党委常委会研究，决定成立北京师范大学中国社会管理研究院，聘请魏礼群担任研究院院长，张秀兰为中国社会管理研究院常务副院长（兼），张强为中国社会管理研究院副院长。

二〇一〇年十月二十二日

主题词：机构设置　决定

送：党委书记、副书记，党委常委；校长、副校长、校长助理。
发：校内各单位、珠海分校。

北京师范大学校长办公室　　　　　　2010年10月24日印发

共印130份

2010年10月24日，北京师范大学印发《关于成立中国社会管理研究院的决定》，聘请魏礼群担任研究院院长。

三点。一要把握正确方向，全面贯彻党的教育方针，遵循教育规律，服务国家发展战略，使研究院始终沿着正确的道路发展。二要搞好服务，虚心向北师大领导学习，向师生学习，积极开拓资源，为研究院的发展创造良好的外部环境。三要营造良好环境，充分发挥师生员工的积极性和创造性，不断增强研究院的吸引力、凝聚力、创新力和影响力。在这次成立大会和首届论坛上，第十届全国人大常委会副委员长顾秀莲、第十一届全国政协副主席陈宗兴和我共同为中国社会管理研究院揭牌。大会引起了社会各界广泛关注，7月8日《人民日报》刊登了首届中国社会管理论坛的长篇综述，题目为《努力建设中国特色社会管理体系》，产生了较大的社会影响。

2. 创立社会学院

北师大社会学发展有着深厚的历史积淀，拥有悠久的红色基因，富有自己的鲜明特色。后来并入北师大的北京女子高等学校，早在1919年，李大钊同志就在这里开设了"社会学"选修课，指导学生从事社会运动与社会服务。后来并入北京师范大学的辅仁大学，在1943年就设立了社会学系，1948年设立了人类学系。1981年，学校设立民俗学博士点。2003年，作为北师大向以教育和文理基础学科为主要特色的综合性研究型大学转型的一个举措，决定成立哲学与社会学院，学院下设社会学系。2015年1月，为进一步推动北师大社会学学科建设和发展，学校党委研究决定将哲学与社会学院下属的社会学系、文学院下属的民俗学方向相关资源整合，成立社会学院。早在2014年，北师大领导就多次与我沟通，邀请我出任社会学院院长。我考虑在高校办智库离不开学科支撑，学科发展也需要智库支持，社会学院与中国社会管理研究院作为"一个实体、两块牌子"，"两个轮子一起转"，既能加强智库建设又能加强社会学学科建设。经过再三考虑，我最后应允下来出任院长。2015年1月，北京师范大学印发《关于成立社会学院的决定》，同时聘请我担任社会学院院长，兼任中国社会管理研究院院长。至此，我成为两个"首创"学院的院长，致力于国家新型社会治理智库建设和一流社会学学术重镇建设一体化推进。

2015年3月15日，北京师范大学举办社会学院成立大会暨"社会治理智库建设"研讨会，我在会上发表了讲话，明确提出成立社会学院的重大意义，社会学院的职能与使命，以及办好学院的主要原则。我认为，成立社会学院是北师大学校领导把握国家大势、着眼全局发展、审时度势作出的重要决策，是北京师范大学顺应国家发展大势的重要举措，是建设世界一流大学的内在要求，是打造高水平新型社会治理智库的必然选择。关于社会学院的职能与使命，我提出主要有四个方面。一是推进学术创新和理论创新，加强学科建设，为完善和发展中国特色社会学作出贡献。二是提高教学质量和育人能力，培养社会领域专业人才，为我国社会建设和社会治理现代化提供人才支撑。三是参与社会治理智库建设，围绕党和国家战略需求开展科学研究和政策研究，承担社会服务。四是加强社会文化传承与创新，推动社会文明进步。关于如何办好北师大社会学院，我认为主要原则应该有五个方面：一是坚持正确的政治方向和学术方向；二是坚持尊重学科发展的内在规律；三是坚持理论与实际相结合；四是坚持创新治理体制机制；五是坚持实施人才强院战略。

这次大会上，第十届全国人大常委会副委员长顾秀莲、中国社会科学院副院长李培林、中国人民大学党委书记靳诺、教育部社会科学司司长张东刚、中国社会学会会长李强等出席并分别致辞。这次会议在社会学界引起了强烈反响。人民网、光明网等多家媒体当天就发表了新闻报道。《光明日报》更是于4月20日刊发了《发展中国特色社会学　创新社会治理体系》的会议综述。让我感到欣慰的是，作为中国社会管理研

北京师范大学文件

师设〔2015〕1号

北京师范大学
关于成立社会学院的决定

经学校研究，决定成立北京师范大学社会学院。社会学院与中国社会管理研究院按一个实体、两块牌子运行。社会学院主要承担社会学一级学科建设和社会学人才培养工作，中国社会管理研究院主要承担面向国家重大需求的科学研究和国家智库建设工作。

北京师范大学

北京师范大学校长办公室　　　　2015年1月13日印发

2015年1月13日，北京师范大学印发《关于成立社会学院的决定》。

在2015年3月15日召开的北京师范大学社会学院成立大会暨"新型社会治理智库建设"研讨会上，魏礼群发表讲话。

2015年4月22日，中国社会管理研究院/社会学院新任领导班子合影。左三魏礼群，右三赵秋雁，左二朱红文，左一刘逸帆，右二刘夏蓓，右一王苗。

究院和社会学院的"首创"院长，多年来一直推动着"两院"的智库建设和社会学学科建设，使二者密切结合、相互促进，各方面工作都取得了重大进展和明显成效。

举办社会治理智库建设10周年会议。北京师范大学中国社会管理研究院作为国家高端智库建设试点单位——北京师范大学中国教育与社会发展研究院的重要组成部分，已经走过了十年奋斗历程。这十年为国家新型高端智库建设、社会学学科建设、决策咨询服务等方面做出了卓越努力并形成以四个"坚持"为主的重要经验与启示，即坚定不移地坚持正确的政治方向、服务党和国家工作大局；坚持智库建设和学科建设密切结合、协调发展；坚持质量第一、精品成果至上；坚持加强队伍建设。未来还将再接再厉，笃行不怠，为推进国家社会治理体系和治理能力现代化、发展中国特色社会主义社会学贡献智慧和力量。

2021年12月18日，北京师范大学国家高端智库中国教育与社会发展研究院和中共中央党校（国家行政学院）国家高端智库联合主办第十一届中国社会治理论坛暨社会治理智库研讨会。出席会议的有：北京师范大学党委书记、中国教育与社会发展研究院院长程建平，中共中央党校（国家行政学院）主持日常工作的常务副校（院）长李书磊和副校（院）长李毅、教育长龚维斌，全国人大常委会委员、社会建设委员会副主任李培林，全国人大常委会委员、中国社会保障学会会长郑功成。我发表了题为《中国共产党百年社会治理的历程、成就与经验》的主旨演讲。国务院学位委员会办公室副主任、教育部研究生司司长洪大用在论坛上指出：北京师范大学中国社会管理研究院的智库建设过程彰显出五个特点。一是智库建设贵在坚持，坚持是一个智库不断走向成功、走向卓越的基本精神状态，也是一条必由路径。二是方向正确，中社院始终坚持党的全面领导，坚持马克思主义指导地位，坚持运用马克思主义中国化的成果，特别是坚持以习近平新时代中国特色社会主义思想为指引，坚持问题意识、需求导向，服务于党和国家决策，对党和国家的事业始终保持忠诚，始终秉持建设性态度。三是务实，就是将学术研究和政策实践紧密结合起来，做到了有效开展咨政建议，充分发挥智库功能。四是聚集智慧，中社院的咨政工作凝聚了各个方面的智力资源，如专家咨询委员会、社科院、高校、政府部门等，这是走向卓越的一个重要基础。五是专业突出，中社院形成了一整套从研究到转化、到服务实践的专业化制度安排和机制。可以说，这十多年的发展，充分彰显了优秀智库建设的坚持、方向、务实、聚智和专业，这对智库建设具有普遍参考意义。

北京师范大学副校长陈丽在第十一届中国社会治理论坛上讲话指出：十年对一个智库来说很短，但在各级党政领导的支持下，在各位专家的支持下，在魏礼群院长高瞻远瞩、事必躬亲的努力下，十年时间里，中社院已经成为国家社会建设领域重要的智库，也成为北师大这个学术宇宙中非常闪亮的一颗新星，值得骄傲。

北京师范大学中国社会管理研究院/社会学院党总支书记兼副院长赵秋雁教授在第十一届中国社会治理论坛上分享中社院建设高质量社会治理智库的几点体会和做法。一是积极开展党政决策研究和服务，取得了一大批有价值、有质量的研究成果，共计220余项，其中党和国家领导人作出批示的有110余项，产生了比较广泛的社会影响，特别是党中央、国务院主要领导人多次作出批示。二是服务理论创新，发挥社会舆论的正确引导作用。例如，连续举办11届社会治理论坛，在人民出版社等重要出版单位出版了100余部著作，发表了600余篇核心期刊文章。三是打造智库平台。创办国内系统性、权威性专注社会治理领域的《社会治理》月刊；创建《社会治理研究与建议》内刊；建设中国社会管理创新研究信息库；积极开展社会学学科建设和交叉学科建设，并与人才培养紧密结合；承办中央部委司局级干部学习班和地方社会治理干部能力学习班，打造品牌项目等。四是加强对外交流，服务国家外交外宣工作。与国际智库、科研机构等开展深入合作和交流，产出了许多国际合作研究成果。五是不断加强自身能力建设。积极进行队伍建设，完善治理结构；建立工作规范和制度。

2022年1月14日，中国社会管理研究院/社会学院召开社会治理智库10周年座谈会。会上，全体教职工首先观看了《社会治理智库：砥砺创新的十年》视频，回顾了中社院十年来的发展历程和丰硕成果。在视频中，我讲："十年来，北京师范大学相继创办中国社会管理研究院和社会学院，并创新办院体制模式，致力于建设高质量社会治理智库和高水平社会学学科，全体师生凝心聚力，砥砺创新，取得了引人注目的重大进展和显著成效，为学校建设国家新型高端智库作出了积极贡献，为学校加快一流社会学学术重镇建设奠定了坚实基础，可喜可贺。回望十年，开拓创业付艰辛；展望未来，任重道远须努力。希望今后继续坚守初心使命，坚持走智库建设与学科发展、人才培养紧密结合、相互促进、协同发展的新路子，再接再厉，勇毅前行，奋力创造无愧于新时代的更大进步与成就！"

随后，赵秋雁发表题为《坚守初心使命 努力建设高质量社会治理专业化智库》

2022年1月14日，全院教职工观看《社会治理智库：砥砺创新的十年》视频。

的报告。她指出，北京师范大学中国社会管理研究院作为国家高端智库建设试点单位——北京师范大学中国教育与社会发展研究院的重要组成部分，已经走过十年奋斗历程。这十年为国家新型高端智库建设、社会学学科建设、决策咨询服务等方面做出了卓越努力，并形成以四个"坚持"为主的重要经

魏礼群在《社会治理智库：砥砺创新的十年》视频中发表讲话。

验与启示。在会上，宋贵伦教授以"勇攀高原高山高峰"为主题、萧放教授以"智库与学科双轮驱动健康发展的根本"为主题发言，尹栾玉教授以"依托智库旋转门，创新学院发展路"为主题谈中国社会管理研究院成立十年来的体会和感受。朱光明、傅昌波、董磊明、尉建文、陈炜等也纷纷发言，回顾十年来社会治理智库发展历程和建设经验，并为未来发展提出建议。会后又陆续收到学院一些教师的纸质版感想体悟。

我在座谈会上发表了题为《回望与期盼》的讲话。我说：十年来，在学校党委的领导下，我们院从无到有，从小到大，从起初主要致力于智库建设到后来形成智库建设、学科建设和人才培养一体化发展的创新性复合型机构。回首十年的砥砺创新，有四个标志性成就。一是创设的社会治理智库建设取得重大进展，发挥了新型专业化智库的功能作用，为北京师范大学成为国家高端智库试点单位作出了重要贡献；二是独立建制的社会学院应运诞生，为社会学学科建设开创了新局面，形成了本、硕、博一体化培养体系，为北京师范大学建设一流社会学学术重镇奠定了坚实基础；三是汇聚和培育了一批青年才俊，锻炼出一支能干事创业的团队，特别是培养了一批既能从事决策咨询研究又能做教学科研的人才队伍；四是勇于改革创新，探索出了一条智库建设与学科发展、人才培养协同发展的办学新路子。我进一步提出了三点期待。一是不忘初心使命，继续办好社会治理智库，更好发挥智库作用；二是彰显特色优势，坚持走智库建设与学科发展和人才培养紧密结合、相互促进、协同发展的新路子。这是助力北京师范大学建成世界一流大学的正确道路；三是凝心聚力、踔厉奋发、笃行不怠，不负韶华，为理想和事业携手共进，奋力创造无愧于新时代新征程的更大进步与成就，为全面建设社会主义现代化强国作出应有贡献。

高校是理论政策研究的高地，知识分子都有许党报国的情怀，咨政建言是许党

2022年1月14日，魏礼群出席社会治理智库10周年座谈会并发表讲话。

2022年1月14日，魏礼群（中）与社会管理与社会政策系教职工合影。右三赵秋雁，右四傅昌波，右五宋贵伦，左二刘冰，左三朱耀垠，左四党生翠，左五尹栾玉，右一方彬，右二杨丽，左一苗芃。

报国的重要管道。十年来，中社院取得了丰硕的咨政成果，充分体现了学院智库建设的创新理念、责任担当和积极作为。我在社会治理智库10周年纪念册中作寄语：

"十年创业，一片丹心；深耕励耘，春华秋实。十年来，北京师范大学相继创办中国社会管理研究院和社会学院，并创新办院体制模式，致力于建设高质量社会治理智库和高水平社会学学科，全体师生凝心聚力，砥砺创新，取得了引人注目的重大进展和显著成效，为学校建设国家新型高端智库作出了积极贡献，为学校加快建设一流社会学学术重镇奠定了坚实基础，可喜可贺。

"创业维艰，守成不易；继往开来，锐意进取。希望今后继续坚守初心使命，坚持走智库建设与学科发展和人才培养紧密结合、相互促进、协同发展的新路子，再接再厉，勇毅前行，奋力创造无愧于新时代新征程的更大进步与成就，为北京师范大学建设世界一流大学、为全面建设社会主义现代化强国作出应有贡献。"

院长寄语

　　十年创业，一片丹心；深耕励耘，春华秋实。十年来，北京师范大学相继创办中国社会管理研究院和社会学院，并创新办院体制模式，致力于建设高质量社会治理智库和高水平社会学学科，全体师生凝心聚力，砥砺创新，取得了引人注目的重大进展和显著成效，为学校建设国家新型高端智库作出了积极贡献，为学校加快建设一流社会学学术重镇奠定了坚实基础，可喜可贺。

　　创业维艰，守成不易；继往开来，锐意进取。希望今后继续坚守初心使命，坚持走智库建设与学科发展和人才培养紧密结合、相互促进、协同发展的新路子，再接再厉，勇毅前行，奋力创造无愧于新时代新征程的更大进步与成就，为北京师范大学建设世界一流大学、为全面建设社会主义现代化强国作出应有贡献。

国务院研究室原党组书记、主任
中国社会管理研究院/社会学院院长、教授

魏礼群

魏礼群在社会治理智库10周年纪念册中的寄语。

　　出席社会学院、中国社会管理研究院部分干部任免会议。2022年4月22日上午，社会学院、中国社会管理研究院干部任免会议召开。校党委书记程建平，党委组织部常务副部长刘长旭，发展规划处处长王洛忠，组织部副部长马骁，社会学院（中国社会管理研究院）党政班子成员、党委委员、内设机构负责人、教工支部书记等参加会议。会议由刘长旭主持，并宣读了社会学院干部任免通知：魏礼群同志不再担任社会学院院长、中国社会管理研究院院长（兼）职务；任命屈智勇同志为社会学院院长，赵秋雁同志为社会学院党委书记。王洛忠宣读了中国社会管理研究院干部聘任通知，聘任李韬同志为中国社会管理研究院院长，赵秋雁同志为中国社会管理研究院副院长（兼）。

我在会上发表了讲话，首先回顾了十年历程。十年前，在我即将从领导岗位退下来时，应北京师范大学党政领导班子邀请回到母校发挥余热，当"志愿者"。十年来，先后担任中国社会管理研究院和社会学院"两院"院长，做了一些工作。概括地说，主要做了两件事。一是创建新型的社会治理智库，取得重大进展，全面履行和发挥专业化智库的功能作用，为北京师范大学成为国家高端智库建设试点单位提供了重要支撑和作出了积极贡献。二是推动独立建制的社会学院创新发展，取得重大突破，使北京师范大学百年社会学学科建设迈入新阶段，形成了本、硕、博一体化人才培养体系，为学校建设一流社会学学术重镇搭建了重要平台。在做这两件事的过程中取得了三个方面的最重要成果。一是服务党和国家战略与决策，为党中央、国务院和有关部门、地方提供了许多有重要价值的决策咨询服务，产生出了一批有重要社会影响的理论和学术研究成果。二是立足北师大学校实际，探索了智库建设与学科发展和人才培养密切结合、相互促进、协同发展的新路子，积累了一些宝贵认知和经验。三是吸引和汇聚了一批优秀人才，特别是一些青年才俊，锻炼出了一支能干事会创业的团队，特别是培养了一支既能从事决策咨询研究又能做教学科研的人才队伍。

我在讲话中指出，这两件事三项成果，明显提升了中国社会管理研究院、社会学院的决策影响力、学术影响力、社会影响力和国际影响力，为北京师范大学建设中国特色世界一流大学贡献了智慧和力量，也为中国社会管理研究院、社会学院长期、稳定发展奠定了重要基础。

我在讲话中提出了建议和希望。一是牢记初心使命。继续保持战略定位，致力于建设高质量社会治理智库和高水平社会学学科，更好发挥智库多方面作用，加快社会学学科发展。二是彰显特色优势。以改革创新精神办院，坚持走智库建设与学科发展和人才培养紧密结合、相互促进、协同发展的办院新路。这是助力北京师范大学建设世界一流大学的正确道路。三是加强领导班子团结。做到相互尊重、相互信任、相互支持，勇于担当作为，注重营造"两院"积极向上、风清气正、合作包容、甘于奉献的良好环境氛围，不断增强和提升全院的凝聚力、向心力和战斗力。四是全体师生志存高远。踔厉奋发，笃行不怠，不负韶华，不负时代，不负师大，为着共同的理想和事业勇毅前行，努力创造无愧于新时代新征程的更大进步与成就。

程建平书记在讲话中，充分肯定了我在十年中创建中国社会管理研究院和社会学院所作的重要贡献，代表学校表示真诚感谢，并请我继续做学校资深专家，继续关心和支持智库建设和学科发展。

2022年4月22日，魏礼群（左）和程建平在"两院"主要干部任免会议上合影。

2022年4月22日，中国社会管理研究院/社会学院主要干部任免会议合影。左四魏礼群，中间程建平，右二刘长旭，左一王洛忠，右四屈智勇，左三赵秋雁，右三李韬，右一王茁，左二赵炜。

第二章

智库建设

党的十八大后，以习近平同志为核心的党中央以全局视野和战略眼光，为实现国家现代化和中华民族伟大复兴的中国梦，提出了一系列治国理政的新思想、新战略、新要求，领导全国人民在中国特色社会主义道路上奋勇前进。在新的形势下，加强和创新社会治理是推进国家治理现代化的重大任务。

2010年，为顺应时代发展新要求，加快构建中国特色社会管理体系，北师大党委审时度势，酝酿成立服务国家战略需求的社会管（治）理智库。同年10月，北师大党委正式作出成立中国社会管理研究院（以下简称研究院）的决定。作为一个智库机构，我明确提出了中国社会管理研究院的定位、宗旨、职能、院训和治理结构。

研究院的定位是：服务国家战略需求，吸引、汇聚国内外相关领域资源，面向现代化、面向世界、面向未来，推进智库建设与学科建设协同发展，致力于成为中国社会治理领域具有重要知名度和影响力的专业化新型智库，成为培养社会领域高层次人才的教育基地，成为推动学术创新和理论创新的社会学学术重镇，成为北京师范大学建设世界一流大学的重要平台。

研究院的办院宗旨是：坚持以马克思列宁主义、毛泽东思想、邓小平理论、"三个代表"重要思想、科学发展观、习近平新时代中国特色社会主义思想为指导，充分发挥优势，注重突出特色，紧紧围绕加强和创新社会治理，培养高素质社会领域人才，研究社会治理基本理论和实践问题，开展社会治理决策咨询服务，为推进中国特色社会治理体系和治理能力现代化、提高社会治理科学化水平、建设社会主义和谐社会提供智力和人才支持。

研究院的职能是："咨政、科研、育人、合作"四位一体。（一）服务党和国家战略需求。开展社会治理领域决策咨询和科学研究，提供多方面、高质量、有价值的咨政建言服务。（二）加强社会学学科建设。开展学术创新和理论创新，为推进中国特色、中国气派、中国风格的中国社会学发展作出贡献。（三）培养社会领域高层次人才。开展博士、硕士、MSW、本科学位教育和高端培训项目，招收博士后，为国家社会建设和社会治理现代化提供人才支撑。（四）推动文化传承与创新。开展与国内外相关机构的交流与合作，以优秀的社会文化资源涵养提升我国社会治理科学化、制度化和现代化水平，推动社会文明进步。

研究院的院训是："厚德、唯实、创新、卓越"。"厚德"，就是坚持把思想道德建设放在第一位，树立大的德行和高尚的品格。立德不仅是立命之本，也是从政之基。研究院的师生，既要学习怎样教学，学习怎样做学问，更要学会怎样做人，首先要学会做人。从根本上说，忠诚于国家和人民的事业是最大的德，要坚持以实现国家富强、民族振兴、人民幸福为己任。同时，要注重道德品行修养，做一个品德高尚的人。"唯实"，就是坚持一切从实际出发。"不唯书、不唯上、不唯洋、只唯实"，实事求是，察实情、说实话、出实招、办实事。只有忠实于事实，才能忠实于真理，必须求真务实。按照客观规律办事，不夸大，也不缩小，不跟风，也不人云亦云。崇尚科学，追求真理。只有这样，教学、科研、咨询成果才有真知灼见，于世有补，经得起实践和历史的检验。"创新"，就是坚持革故鼎新。创新是一切发展与进步的不竭动力。要推进研究院工作理念创新、体制创新、机制创新、制度创新、管理创新、业务创新，大力营造改革创新的氛围，使每一个人的创新愿望都得以实现，创新才华都得到展示，创新智慧竞相迸发。"卓越"，就是坚持志存高远、积极向上、不懈进取、勇于超越、止于至善，让追求卓越成为一种习惯，要营造一流环境，建设一流队伍，创造一流业绩，多出堪称精品、高质量的成果。

按照中央关于新型智库建设的要求，十年来，我从智库机构设置、治理结构、功能作用、运行机制、搭建平台、制度建设、团队构成等多方面，采取有效措施，逐步构建了社会治理智库的完整架构，组织机构、制度体系，全面发挥了新型智库的功能作用，已建设成为知名度较高、影响力极大的社会领域专业化智库。经过十多年的发展，中社院形成了较为完善的内部治理结构，包括成立咨询委员会。院内设置机构有四个委员会：学术委员会、智库建设委员会、教学委员会和社会学学位分会；三个教研单位：社会管理与社会政策系、人类学与民俗学系、社会学与社会工作系；六个行政部门：综合办公室、咨政科研办公室、教学工作办公室、学生工作办公室、社会服务办公

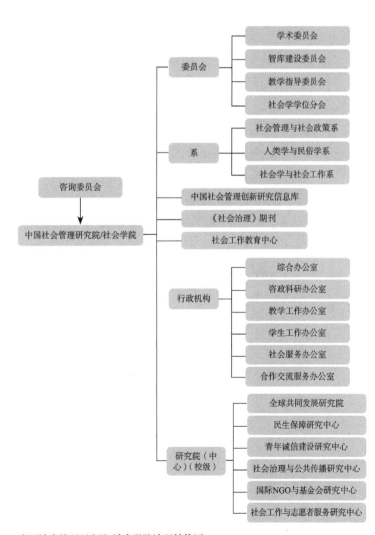

中国社会管理研究院/社会学院治理结构图。

室、合作交流办公室；六个研究中心：全球共同发展研究院、民生保障研究中心、青年诚信建设研究中心，社会治理与公共传播研究中心、国际NGO与基金会研究中心、社会工作与志愿者服务研究中心；三个内设机构：中国社会管理创新研究信息库、《社会治理》期刊和社会工作教育中心。

一、组织召开11次咨询委员会会议

设立咨询委员会是新型智库治理结构中的重要标志。咨询委员会有顾问、主任、副主任和委员，成员有来自社会各方面的领导、部门实际工作者、高校和科研机构专家学者、社会组织和企业界人士等。在中国社会管理研究院成立之初，为了获得多方面力量支持，我力邀第十届全国人大常委会副委员长顾秀莲、第十一届全国政协副主席李金华、第十一届全国政协副主席陈宗兴、中央政策研究室常务副主任何毅亭、中国社会科学院院长王伟光担任咨询委员会顾问。咨询委员会主任由北京师范大学党委书记担任，北京师范大学校长出任咨询委员会副主任。

咨询委员会职能主要有四个方面。一是出谋划策作用，出主意、提建议、献计献策，为智库建设和发展发表真知灼见；二是把关定向作用，把政治关、方向关，研究智库发展方向，提出年度研究的重点；三是提质增效作用，出思想、出成果、出人才，推动办高端智库；四是助力宣介作用，依靠咨询委员们的社会知名度和影响力，提升智库平台知名度和影响力。这些职能主要通过定期召开咨询委员会议发挥作用。建院以来，召开了11次咨询委员会会议。2010年，在北京师范大学中国社会管理研究院成立大会及首届中国社会管理论坛上，举行了第一届咨询委员会第一次全体会议。

2011年5月7日，北京师范大学中国社会管理研究院/社会学院咨询委员会第一次全体会议在英东学术会堂第二讲学厅隆重举行。作为全国高校中第一个挂牌成立的社会管理研究院，中国社会管理研究院承担着敢为人先，重视高校与政府结合，理论与实践结合，基于中国实践和深入调研，构建中国特色社会管理理论体系，培养高素质的社会管理专业人才的使命。我在会上提出，咨询委员会对研究院具有十分重要的意义，咨询委员会是智库的"智囊"，并提出了研究院近期四项重点工作。一是人才培养。要开展学科建设和招生工作，细化学科专业和导师配置，发展高层次多方向的学术研究与交流合作。二是社会管理创新基地建设。积极与有关部委和省市合作建设社会管理研究基地，强化不同层次研究力量，形成实体化的学术骨干队伍。三是开展社会管理重大课题研究工作。做好比较社会管理体制研究等重大课题的规划和实施工作。四是研究院的机制创新。根据研究院章程及相关管理办法，完善咨询委员会的工作机制和研究院内部运行机制，形成研究院"小核心运作、大平台协作"的工作格局。

2011年12月10日，召开咨询委员会第二次会议。研究院成立半年以来，无论是培养人才，科学研究，决策咨询，对外合作

2011年12月10日，魏礼群（左）与顾秀莲在咨询委员会第二次会议上。

和队伍建设，都迈出了有力的步子，为今后的发展奠定了初步的基础。在会议上，我在讲话中提出，中国社会管理研究院要成为培养高层次社会管理人才的基地、社会管理领域高水平的研究机构、高质量的决策咨询成果的智库，关键在于要有一支高水平、高素质、高质量的队伍。除了专职教师之外，要有一大批热心于社会管理领域研究、实践创新的兼职教师。必须邀请一些有理论功底，有实践经验的部门领导，科研机构以及企业方面的领导，各方面的人才。基于此，我提出三个重要观点：第一，充分认识到兼职教授肩负的责任。兼职教授肩负着培养社会管理高素质人才，进行高水平社会管理科研工作以及提供高质量的决策咨询研究成果的任务。第二，希望兼职教授要充分发挥优势，发挥才干。邀请的教授都是某一个行业、某一个方面的权威专家或是长期在教学领域研究的行家里手，要发挥出优势和长处。第三，北师大和社会管理研究院一定要做好服务工作，为咨询委员、兼职教授做好沟通信息、材料和有关方面的服务。

2012年12月8日，召开咨询委员会第三次会议。在广泛听取与会人员的发言后，我发表了讲话，回顾了研究院在过去的一年中，"育人、科研、咨政、合作"各项工作都取得了较为显著的成果，对2013年的重点工作作出安排，主要有：在国家加强和创新社会管理形势下，研究院要加大海内外人才引进的力度；不断提高人才培养的质量；开展社会管理战略性、前瞻性和创新性研究，在重视基础研究的同时，重点进行应用性研究；要加强社会管理创新平台的推广，汇聚研究院的多方优质资源，深入进行调查研究，积极开展政策咨询服务；还要加强协同创新，与国内外各大高校、学术组织、国际组织、国内各级政府、科研机构、社团组织、企业等相关机构多方面的合作交流，提升学术声誉和社会影响。

2013年12月14日，召开咨询委员会第四次会议。我在会议上指出，这次会议既是中国社会管理研究院咨询委员会第四次会议，也是贯彻落实党的十八大和十八届

三中全会精神的实际行动和重要举措。研究院的发展要把握以下几点。一是明确一个定位：建成新型的、一流的社会管理领域智库。二是提供两大成果：多出有价值、有影响力和可操作的优秀科研成果；培养、造就高素质的社会管理人才。三是打造三个品牌：中国社会治理创新研究信息库建设；继续打造中国社会管理论坛品牌；建设好社会学学科。学校搞智库建设，应该设计一套科学的指标体系吸引大家办智库。四是切实履行四大职能：育人、科研、咨政、合作，全面发展。我进一步提出三点建议。一是请各位咨询委员会领导和专家一如既往地关心、关注、支持中国社会管理研究院发展壮大。二是希望学校继续大力支持研究院的发展，支持创新体制、创新组织、创新管理模式。三是全体教职工要认真学习、吸纳咨询委员会的宝贵意见和建议，使中国社会管理研究院越办越好，不辜负全体咨询委员会领导和专家的期望。

2014年12月13日，召开咨询委员会第五次会议。这次会议是贯彻落实党的十八大和十八届三中、四中全会精神的实际行动和重要举措。我在会上提出，中国社会管理研究院的未来发展要把握三点。一是坚持明确一个定位，就是要建设高质量的社会治理智库，建议学校在整合社会资源过程中，要充分考虑把中国社会管理研究院建设成为强有力的社会治理智库的要求。二是坚持出两大成果，一方面出有价值的、有影响力的科研咨政成果；另一方面培养理论联系实际的高端社会建设和社会治理人才。三是坚持打造六大工程：一库、一典、一论坛、一刊、一书、一学科。"一库"，是受全国哲学社会科学规划办特别委托重大课题"建设中国社会管理创新研究信息库"；"一典"，是组织编写《当代中国社会大事典（1978—2015）》（综合卷）；"一论坛"，是一年一度举办的"中国社会治理论坛"；"一刊"，是办好经国家新闻出版广电总局正式批准创办的《社会治理》期刊；"一书"，是每年编写出版《社会体制蓝皮书》在内的社会治理丛书；"一学科"，是紧密结合高校特点，加快社会学建设和跨学科建设，培养社会建设高素质人才。

2015年12月13日，召开咨询委员会第六次会议。这次会议是认真学习贯彻落实党的十八届五中全会精神的交流会。会上，我提出，要变压力为动力，把工作做得更好，特别要把握好几点。第一，坚持明确发展目标。中社院要致力于建设"国家社会治理高端智库"，同时建设"一流社会学学术重镇"。对照中央提出的国家高端智库的八个标准，重点抓好几个方面。一是充实独立办公场所和必备基础设施；二是突出特色鲜明、长期关注的决策咨询研究领域；三是培养、吸收具有较大影响力和知名度的智库领军人物和骨干成员，形成梯次合理的核心团队；四是加强社会学一级学科博士点建设；五是建立稳定的、可持续的信息库建设资金来源渠道；六是建立专业资料室和网站；七是完善内部治理结构；八是广泛开展国际交流合作。第二，加大改革创新力度。一是创新选人用人机制。着力培养和吸引领军人物和知名专家，建立灵活的智库用人机制。二是创新绩效考核体制。健全与岗位职责、工作业绩、实际贡献紧密联系的内部分配机制。完善智库人员职称评定办法，提高决策咨询成果在考核评价体系中的权重。三是创新研究成果转化渠道。创办"社会治理研究与建议"，直接上报中办、国办，开辟"直通车"。第三，营造良好的智库

2015年12月13日，在咨询委员会第六次会议上魏礼群（右）为李培林（左）颁发院首席专家聘书。

生态。强化和弘扬六种基本意识：一是大局意识；二是决策意识；三是问题意识；四是创新意识；五是质量意识；六是学科意识。

2016年12月18日，召开咨询委员会第七次会议。会上，我主要提出三点看法。在北师大党政领导下，过去五年中社院的主要工作是创新，主要经验也是创新，概括起来说是"四大创新"。一是创新办院体制。构建了新型智库治理结构，聘请了一批从领导岗位退下来的老同志、专家以及各个方面的专业人才组成咨询委员会。聘请了智库首席专家，逐步建立了内部治理框架。二是创新办院内容。全面履行中国特色新型智库咨政建言、理论创新、舆论引导、社会服务、公共外交、人才培养等重要功能，各方面都有突破。三是创新办院路子。探索了一条高校智库建设与学科建设相结合的新路子。四是创新办院团队。在实践创新中，坚持一个定位，即建设新型智库；瞄准两个目标，即建设国家高端社会治理智库和一流社会学学术重镇；产出三大成果，即出思想、出产品、出人才；提升了四个"力"，即政策影响力、学术影响力、社会影响力、国际影响力。中社院之所以在创新中快速发展，咨询委员会功不可没。我认为，咨询委员会发挥了五大作用。一是坚定了中社院智库建设的定位；二是审议中社院工作计划和中长期发展思路，积极出谋划策；三是许多委员经常参加社会治理智库的各种活动；四是为社会治理智库创业创新提供多方面的支持；五是帮助提升社会治理智库的知名度和影响力。为了实现中社院发展目标，需要更好发挥咨询委员会的重要作用。一是把关定向；二是全面参与；三是拓展合作；四是提供支持。

2018年1月6日，召开咨询委员会第八次会议。会议围绕学习贯彻党的十九大精神、建设高端智库，总结了中社院2017年的工作，谋划了2018年的任务。我发表了题为《贯彻党的十九大精神，建设高端社会治理智库》的讲话，提出：为加快建设"国家高端社会治理智库"和"一流社会学学术重镇"的步伐，需要着重把握好

以下几点。（一）坚持科学理论武装，把准大学智库定位。中社院作为学校的智库单位，要高度重视加强理论武装，把握核心要义，学深悟透习近平新时代中国特色社会主义思想。（二）坚持"双轮驱动"，创新大学智库体制。首先，应十分明确，要按照智库的功能定位、目标任务、治理结构、运行机制来规划建设；同时，又要按照高校办智库的特点办事。中社院要把建设国家高端智库与一流学科紧密结合起来，就要充分发挥跨学科、多学科优势，形成鲜明的社会治理学科特色。在"双轮驱动"的建设过程中，中社院还必须加大加快人员分类体系改革创新，不断深化和完善"科研为主岗"和"教学为主岗"的分类评价考核体系；加快建立健全与岗位职责、工作业绩、实际贡献紧密联系的薪酬分配激励机制。（三）坚持树立精品意识，提供优质研究成果。中社院在过去一年中，产出了一些高质量的咨政报告和科研论文。同时，应当看到，我们的高质量的精品成果还不够多。要以提高建言献策的质量和影响力为出发点和依归，多产出党和政府信得过、用得上、有实效的智库成果。必须强化问题意识，善于聆听时代声音，勇于回答时代问题。（四）坚持实施人才强院战略，打造一流智库团队。人才是智库最宝贵也是最稀缺的财富。当前，中社院正处于建设"国家高端社会治理智库"和"一流社会学学术重镇"的关键时期，亟须引进和招揽一批高水平、高规格的智库专家、学术大家。我认为，中社院的成长进步是多方面关心支持的结晶，归纳起来，主要是"四个靠"。第一，靠习近平新时代中国特色社会主义思想的指引，特别是对建设中国特色新型智库的重要论述；第二，靠学校党政领导的关心和支持，对我们各个方面给予了支持；第三，靠咨询委员会成员的积极参与和帮助；第四，靠中社院全体师生员工凝心聚力、顽强拼搏。

2018年1月6日，咨询委员会第八次会议前，魏礼群（右二）与顾秀莲（左二）、陈宗兴（左一）、李培林（右一）在贵宾室交谈。

2018年12月29日，召开咨询委员会第九次会议，主题为"学习贯彻党的十九大精神和全国教育大会精神，建设国家高端智库"。我在会议上讲话中提到，近几年，中社院在学校党政领导、咨询委员会领导和专家的关心、支持下，扎实平稳发展，取得了积极的成果，最集中的就是显著提高了行业影响力、社会影响力和决策影响力。我提出，中社院建设要突出特色、追求高水平。"有特色"才有生命力，有特色才有竞争力，有特色才有持续力，有特色才能发挥优势和长处。"有特色"就是要发展中国特色社会学、探索中国特色社会治理学，为北京师范大学创建"双一流"服务。"高水平"主要体现在培养高质量的复合型人才，提供高质量的决策咨询服务，多出高质量的科研成果。我认为，为了实现有特色、高水平发展，必须坚持创新发展，创新理念、创新模式、创新体制、创新机制，将智库建设与学科建设结合起来；必须坚持高质量发展，各方面工作都要把质量放在第一位；必须坚持协调发展，"两轮驱动"，统筹协调智库研究和学科建设。要在学校党委领导下，发挥咨询委员会作用，发扬成绩，克服不足。

2018年1月6日，咨询委员会第八次会议嘉宾合影。第一排：中间顾秀莲，左七陈宗兴，右七魏礼群，左六程建平，左五李培林，右五王东进，右六杨艺文，右四赵世洪，右三邓文奎，右二林兆木。

2019年12月21日，召开咨询委员会第十次会议。这次会议主题为"学习贯彻党的十九届四中全会精神，建设国家高端智库"。我在会上讲话强调：在学校党政领导、咨询委员会领导和专家的关心、支持下，中社院治理结构不断完善，以智库建设带动社会学学科发展，两方面都取得了丰硕成果。中社院多年来的快速发展中，很重要的一个宝贵经验就是成立并高度重视咨询委员会的重要作用。这体现在三个方面。一是符合国家高端智库建设的要求；二是有利于集思广益，凝聚智慧；三是为开放办智库搭建平台。我认为，咨询委员会在八年多的时间里起到了四大作用：一是出谋划策作用，出主意、提建议、献计献策；二是把关定向作用，把政治关、方向关；三是提质增效作用，出思想、出成果、出人才，推动办高端智库；四是助力宣介作用。我进一步指出，中社院将在学校党委的领导下，推动社会治理高端智

2019年12月21日，咨询委员会第十次会议嘉宾合影。第一排：右七郑科扬，左八魏礼群，中间顾秀莲，右八程建平，左七李培林，左六宋贵伦，左五刘应杰，右六宋姗萍，右五赵世洪，右四林兆木，右三吕晓莉，右二戴桂英，右一邓文奎。

库高质量发展，正确处理智库建设与学科建设的关系。中社院要在优化体制模式、优化团队建设、优化研究成果、优化运行机制方面继续努力，站在新台阶、新起点，向新的高峰攀登。

2021年1月9日，召开咨询委员会第十一次会议。我在讲话中指出，2020年是极不平凡的一年，中社院在智库建设和学科发展中作了大量工作，取得一系列新成绩，近些年的成就集中表现在两个方面。一是为北京师范大学成为中央批准的国家高端智库建设试点单位作出了重要贡献，二是为北京师范大学成为国务院学位办批准的社会学一级学科博士学位授权点、博士后流动站作出了直接贡献。近年来，中社院在学校党政领导、咨询委员会领导和专家的关心、支持和帮助下，积极探索在高校办智库、智库建设与学科建设相结合的路子，取得积极成果，明显提高了中社院的决策影响力、学术影响力、社会影响力。2021年是实施"十四五"规划、开启全面建设社会主义现代化国家新征程的第一年，也是中国共产党成立100周年。在承上启下、继往开来的重要年份，我们要珍惜荣誉、抓住机遇、不负使命，百尺竿头、更进一步，继续追求智库建设和学科建设高质量发展，为北京师范大学建成高质量的国家高端智库、建设中国特色世界一流大学作出应有的贡献。

二、连续举办11届中国社会管理（治理）论坛

"中国社会管理（治理）论坛"是北京师范大学中国社会管理研究院建设新型社会治理智库的重要依托和平台。从2011年到2021年，已连续举办11届。每届论坛上发出的声音，都被人们称为"中国社会治理研究领域的风向标"。

2011年5月7日，首届中国社会管理论坛由北京师范大学主办、联合国开发计划署驻华代表处协办。论坛的主题是"中国特色的社会管理理论与实践创新"，并设置了"中国特色的社会管理体系建设"和"社会管理创新实践"两个分论坛。在这次论坛上，我发表了讲话。这次讲话，是我对成立中国社会管理研究院的思考，蕴含了较为丰富的社会管理治学思想。其中一个突出而鲜明的观点是，从学科建设的高度来推进社会管理问题研究。应当说，这是国内较早鲜明提出开展社会管理学科建设的重要观点和思想，有助于社会管理研究在大学深度扎根、枝繁叶茂。我认为，开展社会管理领域的思想理论研究，推动社会管理学科建设，就要积极适应国家对社会管理的需求，开展社会管理战略性、前瞻性和创新性研究，在重视基础研究的同时，重点进行应用性研究。也就是说，社会管理研究要坚持"基础性"与"应用性"双轮驱动。而且，社会管理研究不仅要出成果，也要出人才，两者共同统一于服务国家战略需求。

2012年5月27日，第二届中国社会管理论坛由北京师范大学中国社会管理研究院、中共北京市委社会工作委员会和中共廊坊市委联合举办。论坛的主题是"深化

2011年5月7日，魏礼群在首届中国社会管理论坛上发表讲话。

2011年5月7日，首届中国社会管理论坛主席台。

社会体制改革与推进科学发展"，并设置了"中国特色社会主义社会体制""社会体制改革与社会管理创新""社会管理创新与实践"和"流动人口与社区治理"四个分论坛。在论坛上，我发表了题为《改革社会体制　推进科学发展》的主旨演讲，对全面深化社会体制改革进行系统阐述，特别是针对社会体制的基本内涵以及社会体制改革的核心逻辑关系作出了回答。我认为，社会体制是一种社会治理的体系和制度安排，也是一种社会行为的规范，决定着人的社会关系、行为准则和社会运行。从理论和现实的情况看，深化社会体制改革需要正确认识和处理以下重要关系。一是政府与社会的关系，即政府社会管理与多元社会治理的关系；二是条条与块块的关系，即中央（部门、行业）与地方的关系；三是民生与民主的关系，即改善人民生活与发展民主政治的关系；四是德治与法治的关系，即思想道德教育与法治建设保障的关系；五是社会体制与其他体制的关系，即深化社会体制改革与推进其他体制改革的关系。这些基本关系构成了社会体制改革的关键环节和核心逻辑，对加强和深化社会体制改革具有重要的方法论意义，并提出深化社会体制改革应当着力抓好以下方面。一是强化政府社会管理职能；二是扩大公众参与和社会协同功能；三是拓展群众权益保障机制；四是健全各类人群服务管理体制；五是加快社会规范建设；六是构建虚拟社会管理制度；七是加强公共安全体系建设；八是完善社会管理工作格局。这八个方面构成了社会体制改革的主要方面和重点任务，着眼于维护社会秩序、激发社会活力、推进科学发展、建设和谐社会。

2012年5月27日，第二届中国社会管理论坛现场，魏礼群发表主旨演讲。

2012年5月27日，魏礼群（左）与第十一届全国政协副主席、中社院咨询委员会顾问陈宗兴在第二届中国管理论坛上的合影。

2013年5月25日，第三届中国社会管理论坛由北京师范大学中国社会管理研究院、中共北京市委社会工作委员会和中国社会工作协会共同主办，巨人教育集团协办。论坛的主题是"贯彻十八大精神，加快社会体制改革"，并设置"社会管理体制和机制建设""提高社会管理科学化水平"和"加快形成现代社会组织体制"三个分论坛。在论坛上，我发表了题为《加快构建中国特色社会主义社会体制》的主旨演讲，针对理论界和实务界普遍遇到的有关社会体制及其改革的共性问题和困惑作出系统论述。究竟什么是社会体制？社会体制改革的"四梁八柱"有哪些？我认为："社会体制，一般是指社会管理和服务模式、社会资源配置机制，以及各社会主体权利责任义务和行为规范或制度安排，包括社会主体定位、社会治理方式、公共服务体系、社会组织制度和社会管理机制等。"这一界定成为国内学界广泛引用和参考的定义之一。同时强调：加快形成党委领导、政府负责、社会协同、公众参与、法治保障的社会管理体制；加快形成政府主导、覆盖城乡、可持续的基本公共服务体系；加快形成政社分开、权责明确、依法自治的现代社会组织体制；加快形成源头治理、动态管理、应急处置相结合的社会管理机制。这"四个加快"就是深化社会体制改革的基本任务和基本要求，它们之间既密切联系，又各有侧重。社会管理体制侧重于明确各类社会主体作用，保持社会关系协调、富有活力、有序运行；基本公共服务体系侧重于满足公众基本需求，保障和改善民生；现代社会组织体制侧重于创新社会治理方式，由大政府向"大社会"转变；社会管理机制侧重于社会全过程重要环节的调节、治理。这些方面构成新型社会体制的基本框架和主要支柱。如何推进和深化社会体制改革？我认为，需要把握好五个方面。一是坚持社会体制改革正确方向；二是坚持问题意识和制度导向；三是坚持继承和创新有机统一；四是坚持在各方面体制改革协同配合中推进；五是坚持加强宏观

2013年5月25日，魏礼群在第三届中国社会管理论坛上发表主旨演讲。

2013年5月25日，魏礼群（左）与第十一届全国政协副主席、中社院咨询委员会顾问李金华在第三届中国社会管理论坛上合影。

指导和鼓励基层创造相结合。这次演讲的内容，《光明日报》在2013年7月8日理论版进行了刊登，多家社会媒体转载。

2014年5月18日，第四届中国社会治理论坛由北京师范大学中国社会管理研究院、中共北京市委社会工作委员会、中国社会科学院社会学研究所、中国社会工作协会、清华大学社会科学学院联合主办。论坛根据党的十八届三中全会提出的新思想、新要求、新部署，把"中国社会管理论坛"改为"中国社会治理论坛"，以"创新社会治理体制"为主题，并设置"改进社会治理方式""激发社会组织活力""加强法治社会建设""健全公共安全体系""完善社会保障制度"五个分论坛。在论坛上，我发表了题为《积极推进社会治理体制创新》的主旨演讲，《光明日报》在6月20日首版刊发了演讲的主要内容。这次演讲被认为是在党的十八届三中全会提出创新社会治理体制重大战略安排之后，深入研究社会治理体制创新的重要成果。演讲指出，将"社会管理"改为"社会治理"，虽一字之差，但含义更深刻、内容更丰富、要求更明确。我认为，创新社会治理体制是推进国家治理现代化的内在要求，是国家现代化客观进程的必然选择，是提高社会治理科学化水平的迫切需要。创新社会治理体制的基本维度包括以下七个方面。一是创新社会治理理念。要坚持以人为本，牢固树立社会治理一切为了人民的理念，做到为民、亲民、爱民、利民。二是创新社会治理主体。多元社会主体合作共治，是社会治理走向现代化的重要标志。三是创新社会治理方式。坚持系统治理、依法治理、综合治理、民主治理、源头治理。四是创新社会治理体系。重点是扩大公共服务体系，健全公共安全体系，完善应急管理体系，加强国家安全体系。五是创新社会治理制度。推进社会治理现代化，最根本的在于制度的改革和创新。六是创新社会治理机制。重点要健全重大决策社会风险评估机制，建立通畅有序的诉求表达、心理干预、矛盾调处、权益保障机制，建立调处化解矛盾纠纷综合机制。七是创新社会治理能力。要全面提高各个社会治理主体的治理能力。特别重要的是，这篇演讲首次提出创新社会治理需要把握好五个关键环节，即"社会治理的五治论"。一是"政府善治"，强调创新政府治理方式，发挥政府的主导作用。二是"合作共治"，强调激发社会组织活力，发挥社会组织的桥梁作用。三是"基层自治"，强调重视基层社会自治，发挥群众参与的基础作用。四是"社会法治"，强调

2014年5月18日，魏礼群在第四届中国社会治理论坛上发表主旨演讲。

推行法治社会建设，发挥法治的保障作用。五是"全民德治"，强调加强思想道德建设，发挥核心价值观的引领作用。由此，"善治""共治""自治""法治""德治"共同融通于社会治理的全过程，为社会治理创新注入新的机能和活力。"社会治理五治论"的文章发表后，不仅受到国内理论界、学术界的广泛关注，被大量转载，而且直接为领导决策和实践创新服务。当时中央领导同志给我打电话给予肯定和好评，其中一些重要观点被采纳或吸收到了相关社会治理政策文件之中。许多地方在创新社会治理中，将"五治"用于实践创新探索。

2015年5月17日，第五届中国社会治理论坛由北京师范大学中国社会管理研究院、中共北京市委社会工作委员会、中国社会科学院社会学研究所、中国社会工作联合会、厦门市人民政府联合主办。论坛以"创新社会治理，建设法治社会——'十三五'建言"为主题，并设置"法治社会建设与全面建成小康社会""法治社会建设与国家治理现代化""法治社会建设的目标、任务与路径"三个分论坛。在论坛上，我发表了题为《全面推进法治社会建设》的主旨演讲，对何谓"法治社会"，如何建设"法治社会"等问题作了深入的论述和回答。我认为，所谓"法治社会"是指国家立法所确立的理念、制度和行为方式能够得到有效贯彻实施，全民守法并实现法律自主调控的社会运行状态，坚持在法治轨道上统筹社会力量、平衡社会利益、调节社会关系、规范社会行为，依靠法治解决各种社会矛盾和问题。我提出了法治社会建设具有六大鲜明特征。一是人民性，就是法治社会建设坚持人民主体地位。二是普遍性，就是法治社会建设使法律成为全社会的基本准则，整个社会按照法律规范运行。三是系统性，就是法治社会建设贯穿于立法、执法、司法、守法各个环节。四是全面性，就是法治社会建设既包括经济、政治、文化、社会、生态建设和党的建设在内的全方位、立体型厉行法治，也包括心灵、价值、行为、秩序、制度全面体现法治精神、法治规范和法治要求。五是平等性，就是法治社会建设坚持法律面前人人平等。六是公正性，就是法治社会建设以促进公平正义为根本依归。这"六性"是对中国特色社会主义法治社会本质的概括。在此基础上，我提出，一个健全的、成熟的社会主义法治社会，将是一个政治清明、民主法治、社会公正、充满活力、平安有序、和谐友善的社会。在这样一个社会中，全社会对法律充满敬畏和信仰，宪法和法律得到有效实施和普遍遵从，社会生活法治化、规范化，社会依照法律规范既生机勃勃又井然有序运行，人民群众的合法权益获得切实尊重和保障，社会充满公平正义，形成法治社会人人有责、法治社会人人共享的生动局面。这是国内学界首次对"社会主义法治社会"的理想图景作出生动形象而又具有现实针对性的描绘和展望，是对中国特色社会主义法治社会建设理论的重要发展。我认为，全面推进法治社会建设具有极端的重要性和紧迫性，是全面推进依法治国的内在要求；是推进国家治理现代化的必然选择；是全面建成小康社会的迫切

2015年5月17日，魏礼群在第五届中国社会治理论坛上发表主旨演讲。

需要；是全面维护人民群众权益和实现国家长治久安的根本保障。加快法治社会建设，需要着重抓好以下主要任务。一是提高全社会法治观念和法治信仰。包括：深入开展法治宣传教育；大力弘扬社会主义法治精神；扎实推进社会主义法治文化建设；抓住领导干部这个"关键少数"和青少年这个"关键多数"。二是加快社会领域立法进程。包括加快公民权利保障方面的立法；加快社会组织、城乡社区、社会工作等方面的立法；加快公共服务、社会事业和社会保障等方面的立法；加快公共安全和应急管理等方面的立法；着力提高社会领域立法质量。三是推进多层次多领域依法治理。包括深化基层组织和部门、行业依法治理；发挥社会规范在社会治理中的积极作用；深入开展多层次多形式法治创建活动；发挥人民团体和社会组织在法治社会建设中的积极作用；深入推进社会治安综合治理。四是建设完备的公共法律服务体系。加强公共法律服务立法；拓展公共法律服务内容；提高公共法律服务质量；强化公共法律服务保障；发展壮大公共法律服务队伍。五是健全依法维权和化解纠纷机制。包括正确认识和对待人民群众的利益诉求；强化法律在维护群众利益、化解社会矛盾中的权威地位；健全社会矛盾纠纷预防化解机制；充分发挥不同纠纷化解制度的优势，建立完善各种纠纷解决制度有机衔接、相互协调机制。全面推进法治社会建设需要把握好四个重要方面。一是始终坚持正确的政治方向；二是始终坚持人民主体地位；三是始终坚持法治建设和德治建设相结合；四是始终坚持中国共产党的领导。这篇演讲许多新闻媒体纷纷转发，中央有关领导也给予重视与肯定性的好评。

2016年7月17日，第六届中国社会治理论坛由北京师范大学中国社会管理研究院、中共北京市委社会工作委员会、中国社会工作联合会、清华-布鲁金斯公共政策研究中心联合举办。论坛以"创新社会治理　决胜全面小康"为主题，并设置"新发展理念与创新社会治理""新型城镇化与创新基层社会治理""传承历史文化与中国现代社会治理""全面建成小康社会与推进社会治理精细化""大数据与社会治理现代化"五个分论坛。在论坛上，我发表了题为《提高社会治理水平　决胜全面小康社会》的主旨演讲。在全面建成小康社会进入决胜阶段之际，究竟如何认识建成"全面小康社会"？我对这一问题作出了自己的判断和展望。我在演讲中指出，决胜全面小康社会对社会治理创新提出了新的目标要求。总体看来，全面建成小康社会之时的中国社会治理及其社会状态，将会呈现以下七个方面"更加显著"的景象特征。一是"和谐社会"建设成效更加显著；二是"平安社会"建设成效更加显著；三是"信用社会"建设成效更加显著；四是"法治社会"建设成效更加显著；五是"健康社会"建设成效更加显著；六是"幸福社会"建设成效更加显著；七是"社会治理现代化"建设成效更加显著。这一重要论述将"全面小康社会"治理状况的丰富内涵，具体化为和谐、平安、信用、法治、健康、幸福六个基本维度，并将其提升到社会治理现代化的战略高度。这表明，全面建成小康社会的过程，实际上就是推进社会治理现代化的过程。同时，我在对全面小康社会的社会景象特征进行深刻剖析的基础上，对全面建成小康社会的国际国内环境作了全面分析，指出决胜全面建成小康社会的社会治理主要任务包括五大方面。一是着力构建民生保障体系。包括随着经济持续发展，逐步增加居民收入；守住底线、突出重点，着重解决好教育、就业、收入分配、社会保障、医疗卫生、住房、食品安全等问题；大力增加公共服务供给，尤其要着力促进基本公共服务均等化；完善社会保障体系，构筑全民最低生活水平的安全网。二是着力完善社会治理体系。包括提高政府社会治理能力和水平；增强社区服务和管理能力；重视发挥社会组织作用；健全基层社会自治调节系统；完善公众参与机制；统筹各方面利益关系，妥善处理社会矛盾。三是着力强化社会信用体系。包括健全信用信息管理制度；强化社会信用信息共建共享机制；实施和健全守信激励和失信惩戒机制；培育规范信用服务市场。四是着力健全公共安全体系。包括全面提高安全生产水平；提升防灾减灾救灾能力；创新社会治安防控体系；完善应急安全管理体系。五是着力加强国家安全体系。包括健全国家安全体系，实施国家全方位安全战略；健全国家安全保障体制机制。实现决胜全面小康社会治理的目标任务，需要抓住关键，选好路径，特别应当把握以下五个环节。一是坚持贯彻新的发展理念，即创新、协调、绿色、开放、共享发展理念；二是坚持深化改革攻坚；三是坚持法治德治并举；四是坚持运用现代科技手段；五是坚持加强和改善党的领导。我将这篇主旨演讲报送党中央领导同志，习近平总书记和其他多位中央领导都予以重视并作出重要批示。

2017年7月2日，第七届中国

2016年7月17日，魏礼群在第六届中国社会治理论坛上发表主旨演讲。

社会治理论坛由北京师范大学中国社会管理研究院、中共北京市委社会工作委员会、中国社会工作联合会、清华-布鲁金斯公共政策研究中心联合举办。论坛以"社会治理：新理念、新思想、新实践"为主题，并设置"新发展理念与创新社会治理""基层社会治理的创新实践""传承历史文化与中国当代社会治理""诚信社会建设与社会治理创新""新互联网与社会治理创新"五个分论坛。习近平总书记关于社会治理的重要论述是党的十八大以来习近平新时代中国特色社会主义思想的重要组成部分，是指引我国社会治理开创新局面的强大思想武器。2015年年底，我就明确提出要深入学习和研究习近平关于社会治理的重要论述，并在中国行政体制改革研究会2016年行政基金资助研究课题之中立项，由我作为指导人，北京师范大学中国社会管理研究院党总支书记兼副院长赵秋雁为课题组长，组织社会治理智库团队研究。研究报告受到习近平总书记的重视和批示。在这个过程中，2016年5月，全国哲学社会科学规划办公室委托北京师范大学中国社会管理研究院承担国家社科基金重大专项"习近平社会治理思想研究"，我担任首席专家。在"第七届中国社会治理论坛"上，我发表了题为《党的十八大以来社会治理的新进展》的主旨演讲，首次全面系统阐述了党的十八大以来以习近平同志为核心的党中央在社会治理方面的新思想、新实践、新境界。

我认为，党的十八大以来，习近平总书记提出的一系列加强和创新社会治理的新思想、新观点、新论断，是近五年来中国社会治理领域最为重要的创新性进展，是中国特色社会主义理论体系宝库中的新成果，是马克思主义中国化的新发展。习近平关于社会治理的重要论述十分丰富，突出体现在十个方面。一是人民中心论。坚持以人民为中心，是习近平关于社会治理重要论述的根本政治立场。二是民生为本论。以民生为本，是习近平关于社会治理重要论述的本质体现。三是公平正义论。促进公平正义，是习近平关于社会治理重要论述的核

2017年8月7日，《光明日报》理论版整版刊发魏礼群在第七届中国社会治理论坛上的主旨演讲：《党的十八大以来社会治理的新进展》。

心要义。四是法德共治论。法治和德治并举，是习近平关于社会治理重要论述的重要支柱。五是体制创新论。创新体制机制，是习近平关于社会治理重要论述的显著标志。六是不忘本来论。传承发展中华传统美德和优秀文化，是习近平关于社会治理重要论述的鲜明特色。七是群众工作论。加强和改进群众工作，是习近平关于社会治理重要论述的基本要义。八是基层重心论。注重基层建设，是习近平关于社会治理重要论述的突出风格。九是总体安全论。树立总体安全观，是习近平关于社会治理重要论述的重大创新。十是党的领导论。全面加强党的领导，是习近平关于社会治理重要论述的灵魂。我指出，在习近平关于社会治理重要论述的指引下，我国社会治理实践创新取得重大进展，主要体现在十个方面：一是筑牢改善和保障民生工程；二是推进社会治理基础性制度改革创新；三是构建国家安全体制；四是健全公共安全体系；五是加快社会诚信制度建设；六是加强城乡社区治理；七是促进社会组织健康发展；八是创新社会治理方式；九是加大环境保护与治理力度；十是全面加强党对社会治理的领导。可以说，党的十八大以来的社会治理实践，从宏观社会治理到微观社会治理，从各领域系统治理到城乡社区治理，都大力度全方位地深入推进，取得了新突破、新进展、新成效。我认为，我国社会治理思想创新与实践创新发展，不仅有效助力如期实现全面建成小康社会的奋斗目标，而且开拓了中国特色社会主义社会治理的新境界，主要体现在四个方面。一是开拓了科学社会主义社会治理思想的新境界；二是开拓了传统社会管理向现代社会治理转变的新境界；三是开拓了中华优秀传统文化与现代社会文明相融合的新境界；四是开拓了以构建人类命运共同体为导向的国际社会治理关系的新境界。

对习近平关于社会治理重要论述的新思想、新实践、新境界的深入研究和系统阐述，在一定意义上，对习近平关于社会治理重要论述的研究具有填补理论空白、开拓创新研究的重要意义。习近平总书记和其他多位中央领导在我报送的这篇演讲上分别作出批示。这篇演讲在《光明日报》2017年8月7日理论版以《党的十八大以来社会治理的新进展》为标题整版发表后，在社会上产生了广泛反响，中央新闻媒体和许多地方新闻媒体纷纷转载。中央人民政府驻香港特别行政区联络办公室和中央人民政府驻澳门特别行政区联络办公室支持的媒体《瞭望中国》杂志，先后分三期转发《光明日报》这篇文章。其中，2017年第24期以封面人物转载转发魏礼群署名文章《5年来社会治理的新思想》，并刊发记者撰写的《封面人物魏礼群的其人其事》一文；还在第30期、第31期分别以《5年来社会治理的新实践》《5年来社会治理的新境界》加以连载，扩大了影响。2017年9月18日至19日，北京师范大学中国社会管理研究院与伦敦大学亚非学院中国研究院在伦敦共同举办第二届中英社会治理现代化研讨会。我在主旨演讲中又进一步阐发了以上重要文章的主要观点和思想，受到国内外广泛关注。这对深入学习、研究、贯彻、传

2017年7月2日，第七届中国社会治理论坛会议现场。

播习近平关于社会治理重要论述发挥了积极的推动作用。

2018年7月7日，第八届中国社会治理论坛由北京师范大学教育与社会发展研究院、中共北京市委社会工作委员会、中国社会工作联合会联合举办，中国社会管理研究院承办。论坛以"社会治理：改革开放40年回顾与新时代展望"为主题，并设置"社会治理40年历史变革与新时代新征程""社区建设与社会治理创新""乡村振兴与社会治理"和"互联网社会与社会治理创新"四个分论坛。2018年是改革开放40周年，我于2017年年底就着手进行改革开放40年来社会治理变革历程与经验的研究。在"第八届中国社会治理论坛"上，我发表了题为《坚定走中国特色社会主义社会治理之路》的主旨演讲。在这个演讲中，我对改革开放40年来社会治理历程作了"三大阶段"的划分、"七个经验"的概括。"三大阶段"是：第一阶段，从1978年党的十一届三中全会到1992年党的十四大，主要是冲破高度集中的计划经济体制和社会管理体制模式，释放社会活力，让全社会活跃起来。第二阶段，从1992年党的十四大到2012年党的十八大，主要是构建与社会主义市场经济体制相适应的社会治理体制，进一步增强社会活力，致力于和谐社会建设。第三阶段，从2012年党的十八大到现在，主要是以习近平新时代中国特色社会主义思想为指导，全面深化社会治理变革，着力推进社会治理体系和治理能力现代化，推动社会充满活力又和谐有序运行。这样总结改革开放40年来社会治理变革历程的观点是创新性的。在总结历程的基础上，我对40年来社会治理变革的丰富经验作了七个方面的概括。（一）坚持不断解放思想，推动社会治理理论创新；（二）坚持正确政治方向，开拓中国特色社会治理之路；（三）坚持以人民为中心，依靠群众创新社会治理；（四）坚持全面深化改革，着力推进社会治理体制创新；（五）坚持运用多种手段，不断创新社会治理方式；（六）坚持统筹协调推进，构筑社会治理创新坚实基础；（七）坚持加强和改

2018年7月7日，魏礼群在第八届中国社会治理论坛发表主旨演讲。

善党的领导，充分发挥对社会治理的领导核心作用。这些概括在学界尚属首次，受到与会者和新闻媒体的广泛关注和好评。这一主旨演讲的主要内容刊发于《求是》2018年第16期，产生了广泛的社会影响。

2019年7月6日，第九届中国社会治理论坛由北京师范大学中国教育与社会发展研究院、北京师范大学中国社会管理研究院、中共北京市委社会工作委员会、中国社会工作联合会共同举办。论坛以"中国社会治理现代化：70年回顾与前瞻"为主题，并设置"全面建成小康社会与社会风险防范""城乡融合发展与市域社会治理""乡村振兴与社会治理""老龄社会建设与诚信社会建设"四个分论坛。2019年是新中国成立70周年，我认为在这个时候回顾新中国成立70年来社会治理现代化建设的历程、成就，总结宝贵经验与启示，对我们在新时代深入推进社会治理体系和治理能力现代化，全面建设社会主义现代化国家，具有十分重要的意义。在论坛上，我发表了题为《坚定不移推进社会治理现代化——新中国70年社会治理现代化历程、进展与启示》的主旨演讲，将新中国70年社会治理现代化建设的进展与成就概括为"七个方面"。（一）从治理理念看，逐步从社会管控、社会管理向社会治理转变；（二）从制度体系看，逐步从分散型向整合型转变；（三）从社会体制看，逐步从国家一元管理向多元社会主体共建共治转变；（四）从方式手段看，逐步从单纯依靠行政手段向多种手段综合并用转变；（五）从社会结构看，逐步从传统社会向现代社会转变；（六）从运行状态看，逐步从社会高度稳定向秩序与活力相统一转变；（七）从社会景象看，逐步从贫困向全面小康社会转变。在总结进展的基础上，我又将新中国70年推进社会治理现代化的经验与启示概括为"八个必须始终坚持"：（一）推进社会治理现代化，必须始终坚持党的全面领导；（二）推进社会治理现代化，必须始终坚持以人民为中心；（三）推进社会治理现代化，必须始终坚持充分体现中国基本国情;(四)推进社会治理现代化,必须始终坚持全面深化社会领域改革开放;(五)推进社会治理现代化,必须始终坚持社会建设和其他建设协同发展;(六)推进社会治理现代化,必须始终坚持打造现代社会治理新格局;(七)推进社会治理现代化,必须始终坚持提高现代社会治理能力;(八)推进社会治理现代化,必须始终坚持正确处理社会治理过程中的几个基本关系。在这个演讲稿基础上形成的研究报告受到中央主要领导同志批示,新华社随后对我进行了专访,推出了《坚定不移推进社会治理现代化——北京师范大学中国社会管理研究院院长魏礼群谈新中国社会治理70年》一文。文章一经发表,就被中央政府网站收录和转发,特别是在"学习强国"转发后,阅读量超过421万,点赞量超过8万,产生了广泛的社会影响。

2019年7月6日,第九届中国社会管理论坛会议现场,魏礼群发表主旨演讲。

2019年9月9日,《坚定不移推进社会治理现代化》被"学习强国"转发,阅读量421万,点赞量超过8万。

坚定不移推进社会治理现代化——北京师范大学中国社会管理研究院院长魏礼群谈新中国社会治理70年

2019-09-22 15:30　来源：新华社　　　　　　　　【字体：大 中 小】 🖨打印

新华社北京9月22日电　题：坚定不移推进社会治理现代化——北京师范大学中国社会管理研究院院长魏礼群谈新中国社会治理70年

新华社记者

时光荏苒，岁月如梭。今年是新中国成立70周年，回顾新中国社会治理现代化之路、总结宝贵经验，对于新时代推进社会治理体系和治理能力现代化具有重要意义。

70年来，新中国社会治理走过了怎样的非凡历程？如何看待这个过程中的发展变化？收获了哪些重要经验与启示？记者近日专访了北京师范大学中国社会管理研究院院长魏礼群。

持续推进社会领域改革，坚定走向社会治理现代化

问：能否简要介绍新中国成立70年来，社会治理经历了哪些非凡历程，呈现出怎样的发展态势？

魏礼群：纵观新中国70年社会治理变革历程，这是中国共产党带领全国人民坚定不移探索、开拓和推进社会主义社会治理现代化的过程。

2019年9月22日，新华社专访文章《坚定不移推进社会治理现代化——北京师范大学中国社会管理研究院院长魏礼群谈新中国社会治理70年》发布的当天，该专访文章被中华人民共和国中央人民政府网转载。

2020年11月15日，第十届中国社会治理论坛由北京师范大学国家高端智库中国教育与社会发展研究院，中共中央党校（国家行政学院）国家高端智库，北京师范大学中国社会管理研究院，中共中央党校（国家行政学院）科研部、社会和生态文明教研部，北京市社会建设促进会，清华大学社会治理与发展研究院联合举办。论坛以"全面建成小康社会与推进社会治理现代化"为主题，设置四个分论坛分别围绕"新冠肺炎疫情防控下的社会治理大考""'十四五'时期社会治理制度建设""全面建成小康社会后的贫困治理""市域社会治理现代化与城乡融合发展""乡村振兴与社会治理""人口结构老龄化与社会治理""传统文化与社会治理""建设诚信社会与履行社会责任"等重要议题进行研讨交流。在论坛上，我发表了题为《全面建成小康社会与持续推进社会治理现代化》的主旨演讲，提出了全面建成小康社会的社会治理"六个标志性成就"。（一）人民生活水平显著提高，困扰中华民族千百年的绝对贫困问题将历史性地画上句号，书写了人类发展史上的伟大奇迹；（二）社会治理理念和实践不断创新发展，开拓了传统社会管理向现代社会治理转变的新境界；（三）共建共治共享的社会治理制度逐步确立，社会治理现代化基础性制度不断改革创新；（四）全方位社会治理体系不断健全，为持续推进社会治理现代化奠定了坚实基础；（五）社会治理能力水平明显提升，制度优势转化为治理效能增强；（六）平安中国建设取得重大进展，整个社会保持长期和谐稳定。同时，我也深刻认识并提出了我国新发展阶段社会治理现代化建设面临的新课题和新要求。"四个新课题"包括：世界百年未有大变局对我国社会治理的影响；新一轮科技革命深入发展对我国社会治理的影响；我国进入新发展阶段对社会治理的影响；新老矛盾交

2020年11月15日，魏礼群在第十届中国社会治理论坛上发表主旨演讲。

织叠加对我国社会治理的影响。"六个新要求"包括：必须增强推进社会治理现代化建设的自觉性；必须增强推进社会治理现代化建设的全面性；必须增强推进社会治理现代化建设的协同性；必须增强推进社会治理现代化建设的创新性；必须增强推进社会治理现代化建设的系统性；必须增强推进社会治理现代化建设的效能性。我认为全面建成小康社会以后，推进社会治理体系和治理能力现代化，仍任重道远，当前和未来时期尤其需要抓好"八项主要任务"。（一）坚持以加强党对社会治理的全面领导为统领，确保社会治理现代化建设的正确方向；（二）坚持以保障和提高民生福祉为根本，着力增强人民群众的获得感、幸福感、安全感；（三）坚持以创新和完善社会治理制度为保障，拓展共建共治共享的社会发展新局面；（四）坚持以推进深层次改革为动力，加快完善社会治理现代化体制机制；（五）坚持以全面加强和创新基层社会治理为重点，大力提升基层治理现代化水平；（六）坚持以加强和创新市域社会治理为重要抓手，完善城乡社会治理现代化体系；（七）坚持以社会治理数字化为战略任务，全面提升社会治理智能化、现代化水平；（八）坚持以提升社会治理能力建设为关键，全面增强社会治理现代化建设整体效能。本次主旨演讲形成的研究报告《全面建成小康社会，持续推进社会治理现代化的建议》，获得国务院领导同志和全国人大常委会领导同志批示和肯定。

2021年12月18日，第十一届中国社会治理论坛暨社会治理智库建设研讨会由北京师范大学中国教育与社会发展研究院、中共中央党校（国家行政学院）国家高端智库、北京师范大学中国社会管理研究院、互联网发展研究院，中共中央党校（国家行政学院）科研部、中国社会治理研究会、北京社会建设促进会联合举办，论坛以"党的百年社会治理与社会治理智库建设"为主题，设置六个分论坛，围绕"党的百年社会治理理论与实践""'十四五'社会治理：新阶段、新使命、新征程""相对贫困治理与共同富裕""乡村全面振兴与基层社会治理""市域社会治理现代化与城乡融合发展""人口老龄化与社会治理""数字社会与社会治理""社会心理服务体系建设与社会治理现代化""社会组织与全球治理"等重要议题进行研讨交流。2021年是中国共产党成立100周年，是"十四五"规划开局之年，也是全面建成小康社会，开启全面建设社会主义现代化国家新征程的关键之年。在这样的背景下，我发表了题目为《中国共产党百年社会治理的历程、成就与经验》主旨演讲，在演

讲报告中，我对党的百年不断进行
理论创新引领社会治理变革，党的
百年征程持续推进社会治理实践创
新，党的百年社会治理重大成就和
历史意义进行了深入分析，把党的
百年探索和推进社会治理的经验与启
示总结为"九个方面"：（一）必须
始终坚持党的全面领导；（二）必须
始终坚持以马克思主义为指导思想；
（三）必须始终坚持走合乎中国国情

2021年12月18日，魏礼群在第十一届中国社会治理论
坛上发表主旨演讲。

的社会治理现代化道路；（四）必须始终坚持为人民创造更加美好的生活；（五）必
须始终坚持整体推进社会治理现代化；（六）必须始终坚持政治、法治、德治、自
治共同推进；（七）必须始终坚持完善共建共治共享的社会治理制度；（八）必须始
终坚持推进基层社会治理现代化；（九）必须始终坚持社会治理与其他领域治理协
调推进。这次演讲是我对中国共产党百年接续奋斗的光辉历史，对中国社会波澜壮
阔的变革史，以及对不断探索、开拓、推进中国社会主义现代化的发展史等进行深
入思考，所形成的研究报告得到了党中央和国务院多位领导同志批示。这些论述经
过刊发和报道，在海内外产生了广泛影响。

　　总的来看，11届社会治理论坛，每届主题因应党的中心工作和国家发展战略、
重点而设定。题目变化，主旨不变，始终围绕着中国社会治理现代化这一理论主题
与实践主体展开，每年的主旨演讲都从不同方面、不同角度来推进这一主题的深刻
演化、不断丰富，使社会治理体系和治理能力现代化的中国特色充分彰显，推进了
中国社会理论界、学术界、政务界实践创新不断向理论创造的转化与升华。

2021年12月18日，第十一
届中国社会治理论坛嘉宾
合影。第一排：中间顾秀
莲，右四魏礼群，右五李
书磊，左五程建平，右二
龚维斌，左三徐显明，左
四李毅，右三李培林，左
一洪大用，左二闪淳昌，
右一宋姗萍。

三、组织召开多次重要学术研讨会

（一）出席3次"光明智库"活动

新型智库建设需要与媒体加强合作、支持媒体引导社会舆论，我欣然应允参加光明日报智库学术组织与相关活动。

为了更好地服务中国特色新型智库建设、打造媒体智库高端平台，光明日报智库研究与发布中心（以下简称中心）学术委员会于2016年9月28日在光明日报社成立。我被聘为中心学术委员会主任；中共中央党史研究室副主任冯俊被聘为学术委员会副主任；中共中央党校原副校长张伯里，中国社会科学院学部委员、副院长蔡昉，国防大学战略教研部主任任天佑等33人受聘担任中心首批学术委员。首批学术委员均为国内各类代表性智库、智库管理部门、研究机构主要负责人及权威专家。教育部社科司司长张东刚、全国哲学社会科学规划办公室副主任操晓理出席会议。我在会上发表讲话并强调，建设高水平智库离不开学术委员会的指导。学术委员会要坚持正确政治方向和学术方向，维护中心的学术声誉和相应学术规范；要尊重智库发展规律，建立创新型、开放式、现代化的智库制度和治理模式；要坚持开放包容，鼓励创新。

2017年4月18日，光明日报社在北京宣布启动思想理论融媒体传播工程，"光明智库"同时揭牌并宣告正式成立。来自中宣部、教育部、财政部、中央网信办的

2016年9月28日，光明日报总编辑杜飞进（右）为学术委员会主任魏礼群（左）颁发聘书。

2016年9月28日，魏礼群出席光明日报智库研究与发布中心学术委员会成立仪式暨2015中国智库年度发展报告、中国智库索引系统发布会。

相关领导，多家中央新闻单位、中央重点新闻网站负责人及理论界、智库界专家等百余人出席。我与中共中央党史研究室副主任冯俊等46位专家受聘组成"光明智库"学术委员会。会议介绍了即将上线的思想理论融媒体传播工程重点项目——光明直播App，举行了光明网与映客直播签约仪式。我应聘为"光明智库"学术委员会主任，并发表了题为《努力建设高质量媒体型智库》的讲话。我在讲话中指出，建设高质量"光明智库"是更好地服务党和国家事业发展的需要，明确职责使命是建设高质量"光明智库"的基本要求，着力提高研究水平是建设高质量"光明智库"的关键所在。我认为，思想产品的生命力在于直面观照现实、正确解答问题。一个智库要发挥更大作用，关键是要不断推出有价值、有影响力的创新型研究成果，及时提出解决问题的有效对策。面对决胜全面建成小康社会和全面推进社会主义现代化国家建设的繁重任务，面对全面深化改革中的深层次矛盾和问题，智库必须紧密联系党和国家发展实际，聚焦重点领域、明确主攻方向、抓住关键环节，围绕落实党中央提出的重大思想观点、重大战略部署、重大工作举措，来确定重点研究任务，积极有效地承担时代责任，在全社会凝聚思想共识和行动力量。

为了充分发挥中国特色新型智库在国家治理现代化中的角色作用、承担职责使命，2019年12月19日，由光明日报社联合南京大学主办的"2019新型智库治理暨思想理论传播高峰论坛"在北京举行，论坛主题为"国家治理现代化与智库新征程"。我应邀出席并在主论坛发表主旨演讲。由我担任首席专家的研究成果《"十四五"时期健全社会治理体系研究》荣获年度智库精品成果奖。在主旨演讲中，我结合多年在不同类型智库的工作经历，表示加强中国特色新型智库建设，需要有科学的体制环境保障和合理的制度政策安排，但更需要智库自身素质和能力的不断提升。基于此，与大家分享了四个关键词。其一，方向。建设高质量、高水平、有特色的智库，必须紧密服务于中国特色社会主义的完善和发展。要主动服务党和

2017年4月18日，魏礼群（右）和杜飞进共同为"光明智库"揭牌。

2017年1月18日，光明日报社在京举办2016中国智库年度影响力评选结果发布会，魏礼群荣获2016年度"十大智库人物"。

2017年4月18日，光明日报总编辑杜飞进（左）为魏礼群（中）颁发2016年度"十大智库人物"证书。

国家工作大局，在大局下思考、谋划、行动。其二，质量。质量是智库的生命。研究问题需要真正做到"顶天立地"："顶天"，就是拿起望远镜，从历史的长镜头洞察和把握国际国内发展大势，紧紧围绕党和政府的决策需求深入研究问题；"立地"，就是拿起"显微镜"，面向实际，察实情、讲真话，以有价值、高质量的研究成果服务于党和政府的决策，服务于经济社会发展和进步。其三，人才。注重人才队伍建设是建设高质量智库的关键。要创造良好的智库人文生态环境，全面提升智库人员的基本素质，既要有很强的工作能力和水平，更要有忠于职守的思想境界和科学严谨的良好作风，特别要树立独立思考、唯实求真的治学态度和与时俱进、守正创新的研究精神。其四，机制。要从有利于凝聚人才、释放潜能出发，健全智库内部的运行机制、整合机制、准入机制、培育机制、激励机制、供给机制、转化机制，同时还要加强智库与智库之间的交流合作机制、信息共享机制、成果评价机制等，将灵活高效的内部运作机制与科学规范的外部联系机制有效结合起来。2020年，我们国家将完成第十三个五年规划，全面建成小康社会，实现第一个百年奋斗目标。在此基础上，进入第十四个五年规划时期，踏上全面建设社会主义现代化强国的新征程，向第二个百年奋斗目标迈进。在这样的时代背景下，我在讲话中与广大新型智库和智库工作者分享了以下观点。第一，要准确把握习近平新时代中国特色社会主义思想，做好深入研究阐释工作，助推社会治理理论创新发展。第二，要正确引导社会舆论、疏导公众情绪、凝聚社会共识，为坚持和完善共建共治共享的社会治理制度、建设社会治理共同体提供正能量。第三，要大力推动构建基层社会治理新格局，推动社会治理和服务重心向城乡基层下移，把更多资源下沉到基层，更好提供精准化、精细化服务；推动健全党组织领导的自治、法治、德治相结合的城乡基层治理体系，健全社区管理和服务机制，推行网格化管理和服务，实现政府治理和社会调节、居民自治良性互动，夯实基层社会治理基础。

（二）举办"乡村振兴与社会治理"主题研讨会议

2018年6月，为纪念毛泽东同志批示学习推广"枫桥经验"55周年和习近平同志指示坚持和发展"枫桥经验"15周年，北京师范大学中国社会管理研究院在开展"百村社会治理调查"活动中，对浙江"枫桥经验"进行了重点调查。在此基础上，中国教育与社会发展研究院会同浙江省诸暨市人民政府联合举办了以"乡村振兴与社会治理"为主题的研讨会。我在会议上发表了题为《深入学习和研究"枫桥经验"，提升新时代乡村社会治理现代化水平》的主旨演讲。与会代表实地考察了"枫桥经验"的发源地枫桥镇及其派出所等单位，从理论与实践结合上对"枫桥经验"作了进一步深入而热烈的研讨。在我的主持和组织下，与会人员对"枫桥经验"的时代意义、丰富内涵形成了共识和启示，并对新时代坚持发展"枫桥经验"提出建议。一、深化对"枫桥经验"丰富内涵的再认识。"枫桥经验"的有效性和可推广性是多方面的，其中最重要最宝贵的经验有六个方面：坚持加强和完善党的领导是"枫桥经验"的政治灵魂；坚持重视和做好群众工作是"枫桥经验"的根本法宝；坚持预防和化解矛盾是"枫桥经验"的思想精髓；坚持尊重和维护人民权益是"枫桥经验"的核心要义；坚持注重和加强平安建设是"枫桥经验"的重大创新；坚持与时代同步伐是"枫桥经验"的鲜明风格。二、坚持和发展"枫桥经验"的重要启示。包括：必须切实创新社会治理的基本理念；必须坚持以人民为中心的根本立场；必须构建共建共治共享的社会治理格局；必须健全"三治融合"的社会治理体系；必须传承和弘扬乡村传统特色文化；必须坚持社会治理与其他治理相互融合；必须充分运用现代信息技术。三、新时代坚持和发展"枫桥经验"的对

2018年6月11日，中国社会管理研究院与浙江省诸暨市人民政府联合举办以"乡村振兴与社会治理"为主题的研讨会，魏礼群在会上发表主旨演讲。

策建议。主要包括：坚持和发展"枫桥经验"，要学深悟透习近平新时代社会治理重要论述；坚持和发展"枫桥经验"，要与全面实施乡村振兴战略结合起来；坚持和发展"枫桥经验"，要强调从各地实际情况出发；坚持和发展"枫桥经验"，要根据时代和实践发展不断完善创新；坚持和发展"枫桥经验"，要着力加强基层党组织建设。这次演讲后形成的研究报告获得党中央主要领导和多位党中央、国务院领导重要批示，对进一步深化"枫桥经验"的学习、宣传和推广，更好推动新时代基层社会治理创新发挥了重要作用。

2018年6月11日，在"乡村振兴与社会治理"为主题的研讨会上，时任北京师范大学珠海分校党委书记耿向东和时任北京师范大学历史学院院长杨共乐在会场向魏礼群介绍百村社会治理调研项目。右二魏礼群，左二杨共乐，左三耿向东，右一王焱。

2018年6月12日，绍兴市委常委、诸暨市委书记徐良平陪同顾秀莲（右二）和魏礼群（右一）考察"枫桥经验"陈列馆。

2018年6月11日，"乡村振兴与社会治理"研讨会合影。第一排：左八魏礼群，左七顾秀莲，左二赵秋雁，左三耿向东，左四鹿生伟，右四李建军，右三杨共乐。

（三）出席2次嘉善县示范建设研讨会议

服务党政决策和地方发展，是新型智库的重要任务。嘉善县是习近平同志在学习实践科学发展观活动时的联系点。习近平同志曾多次到嘉善视察指导工作，对嘉善县发展改革工作作出重要指示批示。2013年和2018年，国务院先后批复实施《浙江嘉善县域科学发展示范点建设方案》和《浙江嘉善县域科学发展示范点发展改革方案》。嘉善全面落实习近平总书记的重要指示批示精神，认真实施"两个方案"，在经济社会发展和改革创新方面取得了重要进展和经验。2016年4月，应浙江省发改委委托，由我牵头组织中国行政体制改革研究会和北京师范大学中国社会管理研究院对2013年的《示范点建设方案》实施情况作评估。评估报告受到习近平总书记批示并推动实际工作，制定了新的《发展改革方案》。为了深入学习和贯彻习近平总书记批示精神，2017年4月12日，浙江嘉善县域科学发展示范点建设推进会暨专家研讨会在嘉善举行，我出席会议并发表讲话。我在讲话中谈到以下几点。第一，浙江省在改革开放和现代化建设方面，走在全国的前列，率先高水平全面建成小康社会，为发展中国特色社会主义事业提供了生动的浙江实践，丰富的浙江经验，可贵的浙江精神，展现了生机勃勃的社会主义中国道路中国智慧的实践样本，值得我们学习。第二，习近平总书记关心嘉善县的科学发展，在2008年开展学习科学发展观活动中，把嘉善县作为自己的联系点，作出了努力使联系点成为科学发展观的示范点等一系列重要指示。多年来习近平总书记一直重视和关心嘉善科学发展示范点的建设。第三，嘉善县域领导班子和广大干部群众，不负重托，敢于担当，把大力推进科学发展作为自己的重大任务，取得了显著成效，积累了宝贵经验。第四，希望嘉善县域科学发展示范点建设更加注重贯彻新发展理念，要更加注重发挥自身优势，要更加注重加强短板建设，要更加注重深化改革开放，走出科学发展的新路，要更加注重提高人民生活质量和水平。

2017年4月12日，魏礼群在浙江嘉善县域科学发展示范点建设推进会暨专家研讨会上发表讲话。

2017年4月12日，浙江嘉善县域科学发展示范点建设推进会暨专家研讨会会议现场。主席台：右四魏礼群。

2017年4月12日，浙江嘉善县域科学发展示范点建设推进会暨专家研讨会嘉宾合影。第一排：右五魏礼群，左五范恒山，右三王满传，右一许晴。

　　时隔五年，2021年4月，我再次应浙江省发改委委托，牵头组织对嘉善县《示范点发展改革方案》实施情况作评估。并到嘉善主持召开"决胜全面建成小康社会：嘉善经验与启示"学术论坛，这次论坛是由全国哲学社会科学工作领导小组批准，国家社科基金立项资助，中国行政体制改革研究会和中共嘉善县委、嘉善县人民政府联合举办。论坛的主旨是总结嘉善县践行习近平新时代中国特色社会主义思想、率先全面建成小康社会的实践经验，总结宣传我国全面建成小康社会的伟大历史性成就，研讨新的发展阶段推进现代化的目标和路径。我在论坛开幕式上的讲话中指出，2021年是中国共产党成立100周年，也是我国全面建成小康社会，实现第一个百年目标之后，乘势而上开启全面建设社会主义现代化国家新征程、向第二个百年目标进军的开局之年。在习近平总书记的亲切关怀和亲自指导下，嘉善县全面建成小康社会走在前列，取得了引人瞩目的显著成就，在许多方面发挥了示范引领作用。全国政协委员、中国行政体制改革研究会会长、原国家行政学院副院长杨克勤，浙江省政协副主席周国辉，嘉兴市委副书记、市长毛宏芳在论坛上致辞。国务院发展研究中心党组书记马建堂，河南省人民政府原副省长、中国国际经济交流中心副理事长兼秘书长张大卫，国家统计局党组成员、副局长盛来运，国家发展和改革委员会原副秘书长范恒山等发表演讲。中共中央党校（国家行政学院）、中央宣传部、中国行政体制改革研究会、北京师范大学中国社会管理研究院及有关市、县代表参加。这次论坛嘉宾云集，大

家对嘉善践行习近平新时代中国特色社会主义思想、率先全面建成小康社会的实践经验予以高度肯定，并发表了许多真知灼见。这次学术论坛取得了多项成果。会后形成的评估报告也得到习近平总书记和有关中央领导同志的重要批示，并推动制定转向高质量发展方案，有力推动了嘉善县向高质量发展示范县目标迈进。

2021年4月19日，魏礼群主持召开"决胜全面建成小康社会：嘉善经验与启示"学术论坛。

2021年4月19日，"决胜全面建成小康社会：嘉善经验与启示"学术论坛嘉宾合影。第一排：中间魏礼群，右七杨克勤，右八马建堂，左八周国辉，左七张大卫，左五王满传，右六盛来运，右五范恒山，右四邓文奎。

（四）组织召开4次中英社会治理现代化研讨会议

2015年9月16日，魏礼群在北京师范大学举办的首届中英社会治理现代化研讨会上发表讲话。

新型智库的一个重要职能和使命，是服务国家公共外交，开展对外合作交流，讲好中国故事，传播中国声音。这里，主要讲述中国社会管理研究院与英国有关大学举办中英社会治理现代化研讨会的情况。

2015年9月16日至17日，首届中英社会治理现代化研讨会由北京师范大学中国社会管理研究院和英国伦敦大学亚非学院中国研究院共同在北京举办。我和北京师范大学副校长周作宇、伦敦大学亚非学院中国研究院院长米歇尔·贺麦晓在开幕式上分别致辞。中国社会管理研究院常务副院长朱红文代表学院与英方签署合作协议，党总支书记兼副院长赵秋雁主持开幕式。我在致辞中指出，本次会议的举办充分反映了中、英两国专家携手研讨社会治理理论和实践问题的共同愿望。研讨会以"中英社会治理现代化"为主题，围绕食品安全、生态环境、社会组织、公共服务、劳动关系、人口老龄化、技术革新等前沿热点问题展开广泛研讨，是经过双方充分酝酿和周密筹划的，具有重要的理论和现实意义。在社会治理领域，强化制度创新，改善治理结构，扩大社会参与，充分发挥每一个社会主体的积极性和创造性，已经成为一种全球性趋势。世界各国面对的社会治理问题，既有各自的特殊性，又具有一定的相通性。加强和创新社会治理，既要立足本国国情，也要善于借鉴其他国家的有益经验。本次研讨会搭建了这样一个重要交流平台，使我们可以交流研究成果，启迪思想智慧，深入研讨问题，也可以寻求加强合作交流的途径。今后在人员互派、科学研究、成果发布、信息共享等方面可以进一步加强交流与合作，相互支持，携手并进。在此次研讨会期间，北京师范大学中国社会管理研究院/社会学院同伦敦大学亚非学院中国研究院签署了合作协议，双方共同为促进中英人文交流，为推动中英两国社会治理现代化作出应有的贡献。

2017年9月18日至19日，北京师范大学中国社会管理研究院和英国伦敦大学亚非学院中国研究院共同举办的第二届中英社会治理现代化研讨会在伦敦举行，研讨会主题是"社会治理现代化：新趋势、新对策"。我在这次研讨会上，发表了题为《中国社会治理：新思想 新进展 新境界》的主旨演讲。我指出，近五年来中国社会

2015年9月16日，首届中英社会治理现代化研讨会嘉宾合影。第一排：中间魏礼群，左五周作宇，左四孙梅君。

治理新进展主要体现在：习近平主席提出社会治理新思想，全方位推进社会治理新实践，多方面开拓社会治理新境界。习近平社会治理新思想突出体现在"十个方面"：人民中心论、民生为本论、公平正义论、法德共治论、体制创新论、不忘本来论、群众工作论、基层重心论、总体安全论、党的领导论。社会治理取得了"十大新实践新成效"：筑牢改善和保障民生工程，推进社会治理基础性制度改革创新，构建国家安全体制，健全公共

2017年9月18日，魏礼群在第二届中英社会治理现代化研讨会上发表主旨演讲。

安全体系，加快社会诚信制度建设，加强城乡社区治理，促进社会组织健康发展，创新社会治理方式，加大环境保护与治理力度，坚持和加强党的领导。社会治理新思想开拓了"三大新境界"：传统社会管理向现代社会治理转变的新境界，中华优秀文化与现代社会文明相融合的新境界，以打造人类命运共同体为导向的国际社会治理关系的新境界。会上，伦敦大学亚非学院副校长、院士Richard Black等代表图书馆将我的著作《改革论集》英文版*Collection of Essays on Reform-Wei Liqun*收入馆藏。这部著作中文版于2016年由人民出版社出版，英文版由中国言实出版社、美国太平洋出版公司联合出版。

2017年9月18日，第二届中英社会治理现代化研讨会嘉宾合影。第一排：右六魏礼群，左二赵秋雁，左一王宏新，右一刘婕玉。

2017年9月18日，第二届中英社会治理现代化研讨会嘉宾合影。第一排：右四魏礼群，右三董克用，左四赵秋雁，右一尉建文，右二陈鹏，左三党生翠，左二曹鸣玉。第二排：左三姜秀谦，右二王宏新，左二谢琼。

魏礼群（右）与伦敦大学亚非学院副校长、院士Richard Black交换礼物。

魏礼群（左）为欧盟–中国社会保障改革项目负责人Michele Bruni赠书《改革论集》（英文版）。

魏礼群（右一）为伦敦大学亚非学院中国研究院副院长、副教授Jieyu Liu（左二）赠书《改革论集》（英文版），左一赵秋雁。

2018年3月28日，由北京师范大学中国教育与社会发展研究院主办、中国社会管理研究院承办的第三届中英社会治理现代化研讨会在北京师范大学举办。研讨会主题是"新时代社会治理：共建共治共享"。我在会上发表了题为《着力打造新时代社会治理的新格局》的主旨演讲。我在演讲中指出，党的十九大把"提高保障和改善民生水平，加强和创新社会治理"作为一个有机组成部分，提出打造社会治理共建共治共享的新格局，既鲜明体现了社会治理以人民为中心的思想，又体现了加强和创新社会治理与保障和改善民生互为前提又互相依存的辩证关系。我系统阐述了构建社会治理新格局取得的重要进展，深入分析了社会治理领域面临的挑战和风险，提出了进一步打造社会治理新格局需要着力抓好的"七个关键环节"，即加强社会治理体制制度建设，加强预防和化解社会矛盾机制建设，加强公共安全体系建设，加强社会治安防控体系建设，加强社会心理服务体系建设，加强和改善党的全面领导。这次论坛取得了圆满成功和丰硕成果，为中英人文交流合作注入了活力与能量，对深入贯彻落实习近平新时代中国特色社会主义思想和党的十九大精神，深化国际人文交流与对话具有重要的意义，同时也是落实中英高级别人文交流机制第五次会议"增进新纳入的社会领域交流"精神的重要举措。

魏礼群（右）会见英国伦敦大学亚非学院研究员钟思第，中间赵秋雁。

2018年3月28日，魏礼群在第三届中英社会治理现代化研讨会上发表主旨演讲。

2018年3月28日，第三届中英社会治理现代化研讨会嘉宾合影。第一排：右七魏礼群，右八周作宇，左一李建军，左二赵秋雁，右二鹿生伟。

2019年9月23日至24日，北京师范大学中国社会管理研究院/社会学院和牛津大学摄政学院全球发展与展望研究院共同举办的第四届中英社会治理现代化研讨会在英国牛津举行，研讨会主题是"教育与社会治理现代化"。我在会上发表了题为《新中国70年社会治理逐步走向现代化的历程、进展与启示》的主旨演讲，系统论述了新中国70年社会治理现代化建设的历程、进展与成就、经验与启示，强调推进社会治理现代化应当做到"七个方面"：始终坚持党的全面领导，始终坚持充分体现

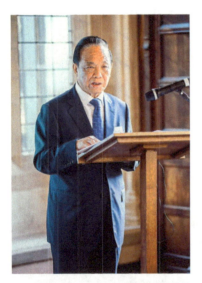

2019年9月23日，魏礼群在第四届中英社会治理现代化研讨会上发表主旨演讲。

中国基本国情，始终坚持全面深化社会领域改革开放，始终坚持社会建设和其他建设协同发展，始终坚持打造现代社会治理新格局，始终坚持提高现代社会治理能力，始终坚持正确处理社会治理过程中的几个基本关系。这次研讨会是在国际关系风云变幻和中英关系建设"黄金时代"的大背景下举办的，也是北京师范大学与牛津大学最新合作的重要成果之一，是一次富有建设性、创造性、高质量、高水平的学术交流盛会。研讨会上，各位专家聚焦社会治理领域的若干热点、重点和难点问题，畅所欲言，各抒己见，在国内外产生了广泛的社会影响。这次研讨会取得丰硕成果，我将此次研讨会情况的报告呈送国务院领导，得到重要批示。

2019年9月23日，第四届中英社会治理现代化研讨会嘉宾合影。第二排：左七魏礼群，左五郝芳华，左四金旭，左三王心同，右六王士东，右二尉建文，右四赵炜。第一排：左八赵秋雁，左六谢琼，右二杨丽，右五方彬。

四、组织编撰多部大型图书

述学立论，把智库建设与学科建设密切结合起来，使二者相互促进，是高等学校办新型智库的重要特点和显著优势。我十分注重通过组织编写大型图书和教科书式读物，来提高智库研究和学科建设的能力。

（一）组织编撰《当代中国社会大事典》

《当代中国社会大事典》（以下简称《大事典》）是当代中国一部集理论性、实践性、史料性和工具性于一体和具有权威性的大型文献图书，不仅具有重要的学术价值、理论价值，而且具有重要的政治价值、实践价值、历史价值。

为了全面、系统地反映改革开放以来中国社会领域的理论创新、体制创新、政策创新和实践创新，真实记录这个时期社会领域改革发展的演变脉络、重大事项和辉煌成就，以铭记当代中国社会变迁历史，弘扬改革创新精神，持续推进中国社会主义现代化建设，2013年3月，我提出并组织编写大型文献图书——《当代中国社会大事典》，先编写1978年至2015年部分。2014年2月28日，我主持召开国家社科基金特别委托重大项目"中国社会管理创新研究信息库建设"之"当代中国社会建设《大事典》"研讨会，与会领导专家围绕《大事典》名称、研究领域划分、《大事典》编写体例以及《大事典》成果电子化等问题进行了热烈讨论，提出了大量具有国际视野和高度前瞻性的宝贵意见。这次研讨会坚定了我主持编写《大事典》的信心。我担任主编，邀请马建堂、宁吉喆、李培林、赵世洪、宋贵伦同志担任副主编，并邀请有关部门司局级干部、专家担任章节编写负责人。在后续的组织编写过程中，我又主持召开多次编撰负责人以及编写会议，特别是2014年7月6日，在《当代中国社会大事典（1978—2015）》第二次编委会议暨编撰负责人会议上，我发表了"努力把《当代中国社会大事典（1978—2015）》撰写成一部大事典精品力作"的讲话。我在讲话中指出，第一，要高度重视，勇于担当。要充分认识做好《大事典》工作的重大意义。第二，要保证进度，确保质量。一是严格遵守编撰工作进程中的各个时间节点，特别是按进度提交编写条目、提交编写初稿、约请专家完成评审等。二是坚持高起点、高质量、高标准，努力把《当代中国社会大事典（1978—2015）》编写成为一部精品力作。第三，要精心组织，齐心协力。一要建立健全相关组织机构和体制机制。二要以《大事典》基础资料普查为契机，凝练、提升和形成一批有影响的社会建设和社会治理领域的科研成果。三要以《大事典》合作编写为契机，加强社会领域理论研究工作者和实际工作者跨单位密切合作，相互学习，相互支持，共享成果。

组织编写这部《大事典》，主要有三个方面的考虑。一是国内外已出版一系列反映中国改革开放以来历史进程和主要变化的鸿篇巨制，但多为经济领域的，社会领域的还较少。特别是尚无以"事典"这种特殊体例全面、系统地反映改革开放以来中国社会领域历史演变，以及记述社会领域改革发展伟大成就的大型图书。二是社会领域改革发展是中国特色社会主义事业建设总体布局的重要组成部分，党和国家越来越重视，人民群众期盼越来越强烈，迫切需要一部集史料性与研究性为一体的对当代中国社会演变作出全面、系统、权威的汇总和阐释的书籍，以指导和推动相关方面的科研、教学和决策咨询服务工作，更好地服务于社会领域的改革发展。三是编写《大事典》是"中国社会管理创新研究信息库建设"重大项目的重要内容，也是北京师范大学打造国家新型社会治理智库的重点工程。

这部《大事典》从创意、策划、立项到组织、编写、统改、审定，历经三年时间，共计320余万字，规模宏大、内容丰富，是一项跨高校、科研机构、政府机关等多个单位联合攻关的集体智慧结晶。这部《大事典》兼具学术理论创新、实践经验总结、体制制度变迁综述等多方面的特征，并在功能定位、理论视角和研究方法上具有重要创新，主要体现在三个方面。一是编写体例和编写规范创新。这部大型文献图书采用"事典"体例，是经过深入研究思考的。《大事典》编写采用"事典"体例富有特色，全方位、全景式地阐释了当代中国社会领域有关改革发展新观点、新理论、新举措，重大决策、重大工程，重要法律法规、重要文献和重要事件，全面反映了改革开放以来中国社会领域的学术创新、理论创新、政策创新、制度创新和实践创新，以及巨大变化和辉煌成就，是一种写作体例和表达方式的创新。二是编写视角和编写方法创新。《大事典》编写主要采用了历史学、社会学、公共管理学、政治学和制度学等跨学科的研究视角。不仅重视事件发生过程的陈述，而且重视导致事项、事件发生的历史背景及现实意义。跨学科研究方法的采用，使《大事典》突破了简单罗列和史料堆砌的现象。对事件背景和意义的深入剖析，有助于《大事典》使用者更清楚地认识社会现象的本质和意义。三是编写内容和框架设计创新。《大事典》编写紧紧围绕开创和发展中国特色社会主义这条社会变迁历程的主线，涵盖了当代中国各社会领域，包括社会结构、社会形态、社会建设、社会体制、社会治理和社会生活等全方位的历史性巨变，这样的主要内容和框架设计别具一格，令人耳目一新。

据编写办公室主要负责人朱光明教授回忆，在《大事典》后期审改过程中，在不到一个月的时间里，我逐章逐节审改四卷书，用铅笔标记出了除内容外，包括标点、引文、错字在内共3600余条修改意见。在大家的共同努力下，《当代中国社会大事典（1978—2015）》获得了国家出版基金资助，2017年12月由商务印书馆和华文出版社联合出版。2018年7月7日在第八届中国社会治理论坛上，举行了《当代中国社会大事典（1978—2015）》新书发布会。我作为《大事典（综合卷）》编委会主任，与第十届全国人大常委会副委员长、中国关心下一代工作委员会主任顾秀莲，第十一届全国政协副主席李金华，《大事典（北京卷）》编委会主任宋贵伦，商务印书馆总经理于殿利，华文出版社社长宋志军共同为《大事典》揭幕。

2019年3月4日，《光明日报》摘编了《当代中国社会大事典（1978—2015）》序言，刊发了《记录中国当代社会变迁历史》的报道，这篇报道引起了强烈社会反响。这部《大事典》堪称精品之作，2019年5月荣获北京市第十五届哲学社会科学优秀成果奖一等奖。

从1949年至1978年的30年，是新中国社会发展极不平凡的历史阶段，这一阶段，我国确立了社会主义的基本制度，建立了现行的国体、政体、国家结构形式和政党制度，开始全面进行社会主义革命与建设，为以后的改革开放和社会主义现代化建设，以及新时代中国特色社会主义发展奠定了重要的社会政治制度基础和物质条件。为了全面、系统地反映新中国成立后前30年社会领域变革和发展的历史进程，真实记录这一时期社会建设的重大事件和辉煌成就，我组织编写了大型文献图书——《当代中国社会大事典（1949—1978）》。这部大型图书的编写和问世，得到了多方面的关心、支持和帮助。2018年7月，全国哲学社会科学工作规划办公室将"新中国70年社会治理研究"作为特别委托重大项目立项，直接推动了本部《大事典》的编写工作。党中央、国务院有关部门、有关地方负责人，以及一些高等院校、科研机构、智库中从事社会领域研究的专家学者积极参与编委会工作和亲自承担撰写、审改任务。

新中国成立后的前30年，我们国家发展经历了艰辛探索的十分复杂过程，社会领域变革和发展如同其他领域一样，既取得了历史性进步与成就，也经受了一些曲折与失误。因此，对这一历史时期的重大事件、重大决策、重大理论与实践，如何取舍和评价，难度较大。我们经过认真讨论研究，总体做法是，坚持遵循1981年6月《中国共产党中央委员会关于建国以来党的若干历史问题的决议》和改革开放以来党的有关文件规定精神，慎重对待。同时，除了坚持已出版的1978年至2015年《大事典》编撰中"忠于史实""完整准确""简明实用"这三个基本原则之外，编写1949年至1978年的《大事典》还注意把握好以下原则。一、一致性原则。所谓一致性，就是1949年至1978年的《大事典》与1978年至2015年的《大事典》，不仅在体例风格上保持一致，而且在编写形式上保持一致，尽可能在内容体系上做到前后相互衔接。二、客观性原则。所谓客观性，就是对这个历史时期的内容采取客观审慎的态度，进行去伪存真、由表及里的研究，力求符合已作出的正确结论。经过中央审查确定的文献资料，在使用时做到不走样、不变形。三、动态性原则。所谓动态性，就是通过时间节点、一个个事件，让《大事典》充分展示当代中国社会变革与发展这条主线索和基本脉络，正确体现党的基本理论、国家制度和社会发展逐步确立、完善的历史进程，准确反映社会主义中国革命和建设的成就与经验。四、创新性原则。所谓创新性，就是将《大事典》的编撰作为我国社会科学建设的一个基础性工程，在尊重和运用既有主流权威文献资料的基础上，努力研究发掘新的概括和表述，特别是词条的选择，尽量选取一些具有一定深度的、具有重要现实意义的最新研究成果。

这部《大事典》的主要内容包括：社会制度与社会结构；民主法制与社会规范；社会事业与公共服务；社会管理与公共安全；社会福利与社会保障。全书共分为九章。第一章，新中国成立后前30年社会变革与发展。主要围绕新中国成立后国民经济恢复、社会主义改造、全面建设社会主义、"文化大革命"，以及走向伟大历史转折等重大历史事件、历史决策、历史进程进行了全面回顾和阐述。第二章，社会制度与社会结构变迁。主要围绕社会主义社会制度和社会结构框架进行了阐述，反映和展现在社会制度巨变背景下的社会结构变迁。第三章，民主法制建设与社会规范。主要通过对新中国成立前30年的基本政治与法治建设的系统梳理，并对社会领域特别是群众团体方面的基本规范进行了系统阐述。第四章，社会管理与公共安全。主要对新中国成立后前30年的社会服务与民政管理、社会治安与安全生产、劳动教养与劳动改造、安全生产与安全教育等方面进行了全面系统的梳理和阐述。第五章，社会事业与公共服务。主要对新中国成立后前30年的教育事业、科技事业、文化事业、体育事业、卫生医疗与计划生育事业进行了系统梳理，反映了这一历史时期社会事业发展的重要进步和重大成就。第六章，劳动就业与社会保障。主要围绕新中国成立后前30年的收入分配、劳动就业、劳动保险、社会救济与福利等方面进行了系统梳理，反映了这一时期劳动和社会保障的重要进展。第七章，人民生活。主要围绕新中国成立后前30年人民群众的基本生活保障、住房保障、健康保障、生活环境、精神文化生活等方面的重要进展，全面反映了这一时期我国人民的物质生活与社会文明的发展状况。第八章，社会统计。主要反映新中国成立后前30年社会发展、人口与劳动工资、家计调查等方面统计的基础数据，并进行社会统计的国际比较。第九章，大事记。按时间顺序系统记述了我国在1949年至1978年社会领域变革和发展的重大事件、重大政策、重大活动，提供了新中国社会发展和社会变迁的历史脉络。总之，统观这部《大事典》，可以全方位领略到新中国成立后前30年间中国社会领域变革和发展的历史演进和辉煌成就。

2014年2月28日，国家社科基金特别委托重大项目"中国社会管理创新研究信息库建设"之"当代中国社会建设《大事典》"研讨会合影。第一排：左六魏礼群，左五郑功成，左七邓文奎，左四李强。第二排：左五赵秋雁，左一陈鹏，右五尹栾玉，右二谢琼，右三杨丽，右四党生翠。

2018年7月，魏礼群主持召开《当代中国社会大事典（1949—1978）》编委会第一次会议。

2018年7月，《当代中国社会大事典（1949—1978）》编委会第一次会议召开。中间编委会主任魏礼群，右二副主任马建堂，左二副主任李培林，右一副主任赵世洪，左一副主任宋贵伦。

2018年12月，《当代中国社会大事典（1949—1978）》编委会第二次会议暨编撰负责人会议召开。第一排：左八魏礼群，左七马建堂，右八宁吉喆，左五任珑，左四戴桂英，右六邓文奎，右五刘应杰。

2018年7月7日，第十届全国人大常委会副委员长、中国关心下一代工作委员会主任顾秀莲（左三），第十一届全国政协副主席李金华（右三），《大事典》编委会主任魏礼群（右二），《大事典（北京卷）》编委会主任宋贵伦（左二），商务印书馆总经理于殿利（左一），华文出版社社长宋志军（右一）为新书揭幕。

2019年5月，《当代中国社会大事典（1978—2015）》（4卷）荣获北京市第十五届哲学社会科学优秀成果奖一等奖。

（二）组织编写《中国社会治理通论》

当代中国正在经历着空前广泛而深刻的社会变革，也正在进行人类历史上最为宏大而独特的实践创新。几十年来，我国社会治理理论创新和实践创新全面深入推进，在取得一系列重大成就和丰富经验的同时，社会治理领域也出现了不少新矛盾、新问题，迫切需要深化社会治理理论研究和创新社会治理学科建设。2014年，我提出编写《中国社会治理通论》的构想。经过多方论证和准备，2016年4月，我主持召开了北京师范大学中国社会管理研究院智库决策咨询项目讨论会，正式将《中国社会治理通论》作为重大选题立项确定下来，成立了项目组，决定编写《中国社会治理通论》。该书是国内第一部权威性、系统性社会治理著作，既可以作教材，又可以向社会提供知识读本。此书获国家出版基金项目资助，纳入国家社科基金中华学术外译项目指导目录，中文版由北京师范大学出版社出版，英文版于2021年由Springer出版社出版。

这部著作的重要特色和创新之处在于，对中国社会治理进行总体性、系统性、全景性阐述。全书的结构体系和主要内容，围绕着推进社会治理体系和治理能力现代化建设的主线，构筑了"四大支柱"：理论之柱，全书对社会治理理论具有较为深入的研究和探索；经验之柱，全书对社会治理经验具有较为清楚的凝视和总结；政策之柱，全书对社会治理政策具有较为系统的梳理和分析；实践之柱，全书对社会治理实践具有较为强烈的观照和阐释。

编写《中国社会治理通论》的主旨有三个方面。一是加强社会治理学科建设。

社会治理学科建设迫切需要专业性通论性的教材。因此，组织编写《中国社会治理通论》成为加强社会治理学科建设的重要任务。二是培养高素质社会治理人才。我国社会治理人才匮乏，必须大力培养。而培养高素质的社会治理人才，需要有科学理论和高质量教材。三是构建交叉学科建设理论基础。编写《中国社会治理通论》是加强交叉学科建设的重要举措，也是为社会治理交叉学科探索理论框架。全书共分为十二章，包括：社会治理内涵与功能、中国社会治理基础理论、中国传统社会治理思想、中国社会治理变革、中国社会治理体制、中国社会治理基础制度、社会治理体系、国家安全建设、社会治理场域、社会治理方式、社会治理能力建设、治理发展趋势，既对我国社会治理政策进行了系统梳理和总结，又对社会治理实践进行了全面观照、深入阐释。

为了编写好这部书，我组织学院20余位教职员工，多次集体研讨，修改了十余稿，历时三年时间编撰完成，于2019年8月出版。2020年9月13日，"发展中国特色社会主义社会学"研讨会暨《中国社会治理通论》发布会在北京师范大学举行。全国人大常委会委员、社会建设委员会副主任委员李培林主持。北京师范大学副校长陈丽教授，国务院学位委员会办公室副主任、教育部学位管理与研究生教育司司长洪大用教授，中国社会学会会长李友梅教授等致辞。会上发布了《中国社会治理通论》，与会专家一致认为，该书是国内社会治理领域兼具学术性、知识性、应用性和工具性的理论著作和权威教材。其出版具有开创性、奠基性的意义，是贯彻落实习近平总书记重要讲话精神的实际行动。对服务国家"双一流"建设重大战略、构建社会治理学科和中国特色社会主义社会学的学术话语体系、培养高素质社会领域人才、推动新型智库创新发展等具有重要价值。

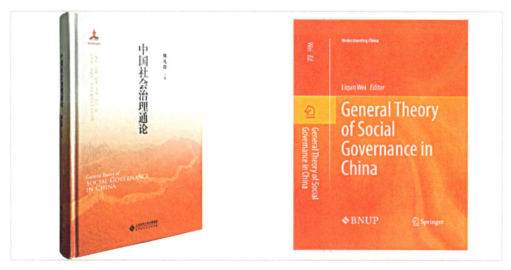

2019年8月，《中国社会治理通论》中文版由北京师范大学出版社出版。2021年，《中国社会治理通论》英文版*General Theory of Social Governance in China*由Springer出版社出版。

2018年3月12日，魏礼群主持召开《中国社会治理通论》编写组第四次研讨会。

2018年3月12日，《中国社会治理通论》编写组第四次研讨会现场。

"发展中国特色社会主义社会学"研讨会暨《中国社会治理通论》发布会 2020年9月13日 北京

2020年9月13日，出席"发展中国特色社会主义社会学"研讨会暨《中国社会治理通论》发布会人员合影。第一排：魏礼群（左十）、陈丽（右十）、李培林（左九）、洪大用（左八）、韩震（右八）、刘应杰（右九）、龚维斌（右七）、陈光金（左六）、张翼（右五）、麻国庆（左四）、杨共乐（右六）、谢立中（右三）、王天夫（左一）、冯仕政（右一）、关信平（左三）、马朝阳（左五）、宋贵伦（左七）、朱耀垠（右四）、乔志宏（右五）、谢志强（右二）、吴怀连（左二）。

（三）组织编写《中国特色社会主义社会学》

为了落实习近平总书记关于发展中国特色社会主义社会学重要指示，深入研究中国特色社会主义社会学产生的历史条件、主要依据、基本内涵、整体框架、研究任务和发展过程，助力不断深化中国特色社会主义社会学研究，我提出编写一部《中国特色社会主义社会学》著作。2020年12月30日，我主持召开《中国特色社会主义社会学》编写座谈会，全国人大常委会委员、中国社会科学院原副院长、北师大中社院首席专家李培林，现任中共中央党校（国家行政学院）副校（院）长、教授龚维斌等同志应邀出席会议。与会嘉宾对编写《中国特色社会主义社会学》的意义、定位、思路等做了研讨，认为研究编撰《中国特色社会主义社会学》虽然有很大挑战，但无论对认识中国社会，总结中国社会运行和发展规律，指导中国社会建设和发展，还是从国际比较中借鉴国外社会发展做法，提供中国社会发展经验，以及对中国社会学的学科发展，对青年学生、广大读者研究解决中国社会现代化建设中的问题，都具有重要的现实意义和深远意义。于是，我决定主要依靠中社院教师编撰该书。这样，还可以通过参与编写该书，提高编写者对中国特色社会主义社会学基本原理、逻辑思维和实践认知的能力，也增强编写者研究问题、提炼概括和文字表达的水平，通过编写实践锻炼、提升团队的素质与本领。

从2020年年底立项，不到一年的时间里，我组织召开了六次编写工作会议，集体研讨和修改，终于至2021年11月交出版社出版。该书的主要特点在于其理论性、实践性和创新性。所谓理论性，就是基于社会学的基本原理，运用马克思主义立场、观点、方法，对中国特色社会主义伟大实践进行理论总结和概括，以形成中国特色社会主义社会学的基本概念、范畴和框架体系。所谓实践性，就是着眼总结、分析、研究中国特色社会主义的宏伟实践，反映中国特色社会主义社会学的形成和发展过程，为中国未来发展社会实践提供思考和启示。所谓创新性，就是以社会学的视角，对中国实行改革开放以来开创和发展中国特色社会主义的丰富实践进行具有创新性的解读和提炼，力求形成一些具有中国特色社会主义社会学特点的原创性理论概念和基本命题。同时，对中国特色社会主义社会学的研究框架、研究思路、研究逻辑、研究内容、研究方法作一些尝试性的探索与创新。

该书由八章组成。第一章，导论。主要阐述中国特色社会主义社会学产生和发展的历史背景、依据渊源、基本内涵，以及基本原则、主要路径、研究方法和重要意义等。第二章，社会价值论。主要阐释中国特色社会主义社会学的本质特征和核心价值理念，包括人民当家作主、以人民为中心、共同富裕、公平正义、社会主义核心价值观、人的全面发展与社会全面进步、人与自然和谐共生等社会价值理念。第三章，社会发展论。主要论述中国特色社会主义社会发展的理论基础、重点任务、实施路径和重要意义。第四章，社会改革论。主要概括中国特色社会主义社会发展运行的动力和重点改革的领域，包括深化社会体制改革、户籍制度改革、社会保障制度改革、住房制度改革、收入分配制度改革、农村社会改革、城市社会改革等。第五章，社会结构论。主要阐发中国特色社会主义的社会结构演变，包括所有制结构、城乡结构、就业结构、人口结构、社会阶层结构、组织结构和家庭结构的基本特征和变动趋势。第六章，社会建设论。主要分析中国特色社会主义的社会建设现代化战略和主要方面，包括社会主义民主政治建设、社会主义精神文明建设、社会主义和谐社会建设、法治社会建设、健康中国建设、平安中国建设、美丽中国建设以及数字中国建设。第七章，社会治理论。主要阐明社会治理的内涵与意义、目标与任务、制度保障、社会治理体系和治理能力现代化建设。第八章，全球治理论。主要阐述人类社会发展趋势、坚守和弘扬全人类共同价值、推动全球共同治理、构建人类命运共同体，诠释中国式现代化道路的世界意蕴。

可喜的是，2020年3月18日，中社院上报的《关于深入开展中国特色社会主义社会学研究的基本思路和预期主要成果报告》，获国务院领导重要批示，教育部主要领导也作出批示。经过专家评审，2021年12月30日，《中国特色社会主义社会学研究》获得2021年度教育部哲学社会科学研究重大委托项目立项（批准号21JZDW006）。2022年3月，《中国特色社会主义社会学》一书获得国家出版基金资助，后于2022年9月正式出版。

2021年12月30日，《中国特色社会主义社会学研究》立项为2021年度教育部哲学社会科学研究重大委托项目的批复通知，魏礼群担任首席专家。

2021年1月20日，魏礼群主持召开《中国特色社会主义社会学》第二次编写会议。

2021年5月19日，魏礼群主持召开《中国特色社会主义社会学》第三次编写会议。

2021年7月15日，魏礼群主持召开《中国特色社会主义社会学》第四次编写会议。

（四）组织撰写系列智库丛书

编写年度《社会体制蓝皮书》。党的十八大报告提出，加强社会建设，必须加快推进社会体制改革。社会体制改革成为我国全面深化改革的重要组成部分。

在这个大背景下，我提议并谋划定期编写《社会体制蓝皮书》。在中国行政体制改革研究会和社会科学文献出版社的共同支持下，2013年这部作为中国社会体制改革的第一本蓝皮书应运而生，并成为"中国社会治理智库丛书"的重要构成部分。该书由时任国家行政学院社会治理研究中心主任［后来任中共中央党校（国家行政学院）副校（院）长］龚维斌教授担任主编，北京师范大学中国社会管理研究院/社会学院党总支书记兼副院长赵秋雁教授担任副主编。《社会体制蓝皮书》以探索社会建设和社会体制改革创新的规律，培养高素质的社会建设和社会治理研究队伍为宗旨，其内容主要包括四个方面。一是全面分析上一年度社会体制的改革发展状况，并在此基础上分析和预测下一年的运行和发展状况；二是客观分析社会体制改革遇到的主要问题；三是提出具有科学性和可操作性的思路和对策建议；四是开展实证调研，将全国各地有代表性的改革做法予以梳理和总结。《社会体制蓝皮书》由国家行政学院社会治理研究中心和北京师范大学中国社会管理研究院共同组织编写。《社会体制蓝皮书》以社会体制改革为主题进行专门系统的研究，具有较高的学术创新价值和政策实践意义，为各级政府决策提供参考依据，更好地发挥社会科学在加快推进我国社会建设中的思想库作用，形成了良好的社会影响和品牌效应。有专家评论指出：《社会体制蓝皮书》是一部社会治理领域颇有影响力的研究成果，资料翔实，有理有据，论述平实流畅，可读性强，作者是相关领域的领导干部、专家学者，具有较高的权威性。自2013年起，《社会体制蓝皮书》正式出版发行，每年出版一本。目前，已经连续出版九本，其品牌质量和社会影响日益增大。自2017年以来连续在香港和平书店出版全文繁体版，产生了较为广泛的社会影响。其中，《社会体制蓝皮书NO.4（2016）》和《社会体制蓝皮书NO.5（2017）》分别获得第七届和第八届优秀蓝皮书二等奖。

2014年4月，第四届中国社会治理论坛暨《社会体制蓝皮书》新闻发布会在北京师范大学京师大厦举行。中间魏礼群，右二龚维斌，右一王满传，左一赵秋雁，右四陈光金。

《社会体制蓝皮书》书影。

结集出版《创新社会治理案例选》。为及时总结、宣传、推广各地社会治理创新取得的新进展和新经验，我担任主编，赵秋雁、杨丽为副主编，连续出版了《创新社会治理案例选（2014）》、《创新社会治理案例选（2017）》、《创新社会治理案例选（三）》（2018年）、《创新社会治理案例选（四）》（2020年）等，为社会提供了经验借鉴，受到各级领导与社会各界的好评。在编写创新案例选时，主要通过向社会公开征集、向有关单位及专家约稿、请期刊推荐案例等方式，往往是从百余篇案例中将遴选的优秀案例汇编起来，这些案例涵盖了20余省（自治区、直辖市），代表性强，内容充实新颖。以《创新社会治理案例选（四）》为例，全书设七篇，包括综合篇、抗击新冠肺炎疫情篇、教育与扶贫篇、大数据与"互联网+"篇、社会力量参与篇、城市社区治理篇、乡村治理篇。其中抗击新冠肺炎疫情篇，遴选了湖北省英山县大别山阅读空间救灾的案例、成都市武侯区党组织引领社区发展治理体系建设的案例、天津市滨海新区智慧医疗平台的案例等，从不同角度，呈现了各地抗击新冠肺炎疫情的做法和经验。

指导出版论坛论文集。中国社会治理论坛是北京师范大学中国教育与社会发展研究院和中国社会管理研究院/社会学院共同建设的重要品牌活动之一，是建设新型社会治理高端智库的重要平台。从2011年至2021年已连续举办11届。历届论坛有关领导和知名专家云集，成果丰硕，社会影响广泛。为进一步总结传播论坛成果，

《创新社会治理案例选》书影。

我组织大家，把论坛上与会者的致辞、演讲和发言结集出版。目前形成了《创新社会治理体制》《社会体制改革与科学发展》《加快构建中国特色社会主义社会体制》《创新社会治理　建设法治社会》《创新社会治理　决胜全面小康》《社会治理——新思想　新实践　新境界》《社会治理：40年回顾与展望》《中国社会治理现代化：70年回顾与前瞻》《全面建成小康社会与推进社会治理现代化》九本论文集，取得了良好的社会效益。与此同时，为推动中英社会治理论坛的成果转化，我担任主编，结集出版了《中英社会治理现代化研讨会文集》上下册。

此外，在我的支持下，北京师范大学社会学院董磊明教授等撰写了《黄村：乡村工业化与村庄重塑》《李村：就近城镇化与地缘圈的重构》《聚义村：当代农民行动逻辑的演变》等著作，近60万字的京师社会调查首批成果成功出版。我同时指导和支持了百村社会治理研究系列成果《家风家训与乡风文明建设》《水利、移民与社会》《传统文化的当代实践》的出版等。这些都产生了较大的学术影响和社会影响。

论坛论文集书影。

五、创办《社会治理》杂志

为了建设新型社会治理智库，2014年我着手筹办一部能够加强对社会治理理论和实践问题的研究、探索和传播的期刊。5月20日，我给国家新闻出版广电总局党组书记蒋建国同志写了亲笔信，在信中说明创办《中国社会治理》杂志的意义、办刊具备的优势和条件，特别阐述了《中国社会治理》期刊的定位：围绕国家加强社会建设、推进社会治理体系和治理能力现代化，推动社会建设、社会治理理论创新和实践创新，提高我国社会建设和社会治理科学化、制度化、现代化水平，办成集理论性、知识性、实践性于一体的社会治理专业期刊。办刊宗旨是：高举中国特色社会主义伟大旗帜，着眼于发展中国特色社会主义事业、促进社会主义和谐社会建设、全面建成小康社会和实现中国梦，为推进国家社会建设、社会治理体系和治理能力现代化提供智力支持，为深入研究中国社会治理理论和实践问题提供高端平台、交流阵地和知识窗口。刊物拟设高端论坛、理论探索、研究报告、决策咨询、典型案例、经验交流、热点关注、国外借鉴、知识创新介绍等重点栏目。发行范围：面向中央国家机关各部委，全国社会建设和社会管理各单位、地方各级党委政府、企事业单位、各类社会组织、高等院校和科研机构，以及社会领域的理论研究工作者和实际工作者。信中还附送了《关于创办〈中国社会治理〉期刊的请示》，详尽论述了创办中国社会治理专业期刊的必要性、可行性以及设想。

2014年年底，魏礼群（右二）为《社会治理》杂志题写刊名。左一余佳，左二赵秋雁，右一傅昌波。

后来，我还通过电话，向蒋建国同志述说创办《中国社会治理》杂志的必要性和具备的条件等。建国同志给我回电话说："我召集了有关司局负责同志商议了你申办刊物的意见：一是目前我国社会领域刊物不多，社会治理方面的刊物还没有；二是你多年从事理论和政策研究，相信能办好刊物，我们同意你申办一个刊物，但不要冠名'中国'二字。"我表示同意，尊重国家新闻出版广电总局的意见。2014年8月28日，国家新闻出版广电总局印发了关于同意创办《社会治理》杂志的批复。我为《社会治理》杂志题写了刊名，撰写了发刊词。2015年5月17日，在第五届中国社会治理论坛上，举行了《社会治理》杂志的创刊仪式，我与顾秀莲、李金华、陈宗兴三位领导共同为《社会治理》创刊号揭牌。作为全国第一本关注社会治理领域理论、政策和实践问题的智库期刊，《社会治理》的创刊引起了党和国家领导同志以及社会各界关注。多位党和国家领导同志，以及国务院新闻办、教育部、民政部、中国社会科学院等15位国家机关部委主要负责同志发来贺信，希望"办好《社会治理》期刊，推进社会治理体系和治理能力现代化，服务国家智库建设"。

由我撰写的发刊词在2015年5月17日的《社会治理》第1期刊发。在发刊词中，

2014年8月28日，国家新闻出版广电总局印发《关于同意创办〈社会治理〉期刊的批复》。

2015年5月17日，在第五届中国社会治理论坛上举行《社会治理》杂志创刊仪式，魏礼群（左一）与顾秀莲（左三）、李金华（左二）、陈宗兴（右一）共同为《社会治理》创刊号揭牌。

我明确提出了办刊的主要任务、办刊宗旨和办刊原则。我写道，《社会治理》是我国社会建设领域一株含苞待放的新花，承载着推进国家治理现代化、建设新型社会治理智库的重要使命。其主要任务有两个：一是服务加强和创新社会治理，推进社会治理体系和治理能力现代化；二是服务加强和推动新型社会治理智库建设，搭建一个社会治理研究和成果交流的平台。也就是，"发社会治理智库之声，助和谐社会建设之力"。《社会治理》的办刊宗旨为，服务国家战略需求和党政决策、聚焦社会治理领域重大问题，围绕全面加强社会建设、深化社会体制改革、健全社会治理体系、创新社会治理方式、提升社会治理能力，深化理论研究，总结实践经验，积极咨政建言，提出决策咨询建议，推进学术创新和学科建设，繁荣和发展中国特色社会学、公共行政学，注重提高质量，务求办出精品，为推进国家社会治理体系和治理能力现代化、建设社会主义和谐社会提供理论支撑和智力支持。办好《社会治理》应该始终坚持四个原则，即坚持正确方向，服务大局；坚持联系实际，求真务实；坚持百花齐放，百家争鸣；坚持改革创新，突出特色。

2016年3月24日，我主持召开编委会第一次会议，并发表了题为《提高刊物质量努力推出精品力作》的讲话。会议围绕学习贯彻习近平总书记在2月19日党的新闻舆论工作座谈会上的重要讲话精神，研究讨论如何进一步办好《社会治理》杂志问题。时任国家行政学院应急管理培训中心、社会治理研究中心主任龚维斌，《中国行政管理》杂志社社长兼总编辑鲍静，时任中国人民大学副校长洪大用等同志参加，时任北师大出版集团董事长、《社会治理》编委会副主任杨耕主持。会上，我发表了题为《注重提高刊物质量，努力推出精品力作》的讲话，提出进一步办好《社会治理》杂志，关键在于注重提高刊物质量，努力多为时代推出精品力作。为此，需要始终坚持正确的办刊方向，始终坚持明确的定位特色，始终坚持实施质量兴刊战略，始终坚持全面创新传播形式，始终坚持加强办刊队伍建设。2017年5月，经国家新闻出版广电总局批准，《社会治理》杂志正式由双月刊改为月刊。2021年在杂志创办6周年之际，也恰逢5月17日，我出席《社会治理》杂志社全体人员学习领会习近平总书记给《文史哲》编辑人员回信的座谈会。会上，我进一步对办好刊物提出要求，那就是学习领会落实习近平总书记的回信精神，努力办好刊物，让世界更好地认识中国的骨气和底气。习近平总书记回信中明确了新时代高品质期刊的方向和标准——"坚守初心、引领创新，展示高水平研究成果，支持优秀学术人才成长，促进中外学术交流"。我们要把习近平总书记的指示学习好贯彻好，更好地指导实际工作。

2016年3月24日，魏礼群在《社会治理》杂志编委会第一次会议上发表讲话。

2021年5月17日，魏礼群出席《社会治理》杂志社全体人员学习领会习近平总书记给《文史哲》编辑人员回信的座谈会，会后合影。第一排：中间魏礼群，左一李建军，右一傅昌波。第二排：左一蒋霞，左二赵雯，左三刘逸帆，右一朱瑞，右二杨婷，右三葛云。

　　为了适应经济社会发展的新形势、新要求，走出一条联合办刊的创新发展之路，在遵守国家相关政策的前提下，杂志社成立理事会。理事会由支持和关心《社会治理》杂志发展的相关单位或个人自愿组成，本着民主协商、互惠互利的工作原则，杂志社和理事会共同推进双方建设和发展。理事会主要由理事长、副理事长、常务理事和理事构成，三年为一个任期。创刊以来，一直由我担任理事长，副理事长主要由中国行政体制改革研究会副会长兼秘书长王满传，江泰保险经纪股份有限公司董事长沈开涛等人组成，常务理事由国信招标集团股份有限公司总裁柳泽伟，江苏省邳州市政府办公室主任藏其中，江苏汤沟两相和酒业有限公司董事长朱耀汇等人组成，理事单位是浙江嘉善示范点建设推进办公室。杂志社为理事会成员及其单位组织相应推广宣传、业务交流、发展咨询等服务，帮助理事会成员及其单位提升行业竞争力和社会影响力。

　　由于杂志内容聚焦社会治理领域重大问题，围绕全面加强社会建设，推进社会体制改革，创新社会治理方式，提升社会治理能力，深化理论研究，总结实践经验，刊发了一批高质量的高层重要讲话、理论学术文章、实践调研报告和咨政决策建议，为促进社会学、管理学领域的学术创新和学科建设，推进国家社会治理体系和治理能力现代化、建设社会主义和谐社会作出了重要贡献。经过几年发展，《社会治理》杂志已经形成鲜明的智库媒体特色，取得了突破性的进展，获得了各方面公认的社会效果。

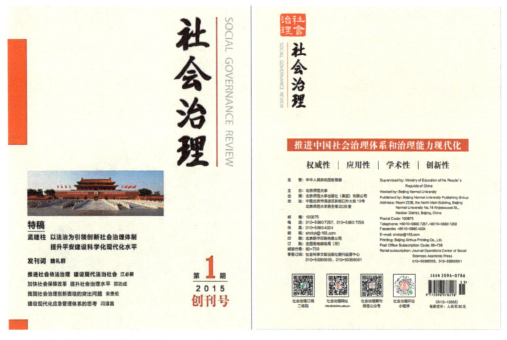

2015年5月，《社会治理》第1期出版。

《社会治理》刊发的魏礼群文章《坚定走中国特色社会主义社会治理之路——改革开放40年社会治理成就及其宝贵经验》被《新华文摘》2018年第21期全文转载。

《社会治理》刊发的魏礼群文章《发展中国特色社会主义社会学》被《新华文摘》2021年第2期全文转载。

《社会治理》刊发的魏礼群文章《如何认识社会治理现代化》被《新华文摘》2020年第7期全文转载。

六、创办内刊《北京师范大学社会治理研究与建议》

为贯彻落实中办、国办印发的《关于加强中国特色新型智库建设的意见》、教育部《中国特色新型高校智库建设推进计划》，鼓励多出有价值、高质量研究成果，更好地服务党和政府科学决策，2016年我提出并开始创办《北京师范大学社会治理研究与建议》（内刊）。这一内刊的办刊宗旨是，充分发挥专业化社会治理智库咨政建言的重要功能，围绕社会领域全局性、长远性、战略性问题，以及热点、重点、难点问题，提出政策咨询建议，推动中国社会治理智库建设，为党和政府科学决策提供智力支持。刊物注重决策导向、问题导向，服务党政决策，深入研究社会领域改革发展的实际问题，主要刊发应用性、对策性研究成果。截至2022年3月，已编印95期，其中30余期获得党和国家领导人重要批示。

2021年11月，在庆祝北师大社会治理智库创建10周年之际，为了回顾和总结十年来在社会治理领域研究和服务领导决策的历程与成果，我提议将报送党中央、国务院领导和有关部门、地方，并获得重要批示或被采纳，推动了实际工作的部分咨政建言成果汇集出版。在朱瑞、陈炜、王焱等同志的共同努力下，仅用一个多月时间汇辑出版了《社会治理咨政建言录》这本书。全书分为习近平社会治理重要论述学习与研究、社会治理战略和规划研究与建言、学科建设和人才培养研究与建言、健康中国研究与建言、社会保障和老龄化研究与建言、乡村治理研究与建言、基层社会治理研究与建言、新冠疫情防控研究与建言十个部分。我担任主编并特意为此书撰写了前言，其中写道：十年耕耘，十年收获。为了回顾总结十年来在社会治理领域研究和服务领导决策的历程与成果，汇辑出版这部《社会治理咨政建言录》。我同时写出了自己十年耕耘的体会和感悟：老骥伏枥志千里，暮年报国心不已。我作为北京师范大学的校友，从领导岗位退下来后应邀担任这两个院"首创"院长。回顾在北京师范大学十年岁月，感到十分欣慰。这是因为十年来中国社会管理研究院/社会学院产生了大量有质量、有价值的咨政建言成果，为党和国家事业发展提供了智力支持，而且培养和锻炼了教研人员作决策咨询研究和撰写智库研究成果的能力，一批善于智库研究的人才快速成长起来；同时，还探索了在我国高等学校将智库建设与学科建设和人才培养紧密结合、互相促进、相得益彰的办学新路，这对推进世界一流大学建设也具启迪意义。2021年是中国共产党成立100周年，谨以此书献礼党的百年华诞！我们把这本书作为10周年纪念品赠送给相关单位领导人和专家，他们认为这是一本非常有参考价值的咨政建言成果荟萃。

魏礼群在审阅《北京师范大学社会治理研究与建议》。

2021年11月9日，魏礼群与《社会治理咨政建言录》编写组成员在京师大厦9906会议室合影。中间魏礼群，右二李建军，左三赵秋雁，右一朱瑞，右三陈炜，左一石若楠，左二王焱。

《北京师范大学社会治理研究与建议》内刊。

七、创建"中国社会管理创新研究信息库"

为了使社会治理智库建设面向实际、面向未来、面向全球，收集和储存丰富的案例、数据等，我提出创建"中国社会管理创新研究信息库"，并向中共中央宣传部领导提出了予以支持建设的请求。

2013年4月2日，我起草了《关于申请资助"中国社会管理创新研究信息库建设"的报告》。报告分为六个部分，详细阐述了建设"中国社会管理创新研究信息库”的重大意义，信息库的主要内容和特色，研究路径，预期成果，条件保障，经费预算等。在建设"中国社会管理创新研究信息库"的重大意义方面，我认为党中央、国务院始终高度重视社会管理，为形成和发展适应我国国情的社会管理制度进行了长期探索和实践，取得了重大进展，积累了宝贵经验。党的十八大对当前和今后一个时期我国经济建设、政治建设、文化建设、社会建设、生态文明建设和各方面体制改革作出了一系列新决策、新部署，特别是明确指出，要在改善民生和创新管理中加强社会建设，这是我们党对中国特色社会主义事业的新认识、新概括，在理论上和实践上都具有重大意义。与此同时，具有中国特色的、符合当前中国国情需要的现代社会管理研究仍处于探索阶段，而且研究中大多关注宏观叙述和理论推导，科学的、可行性的对策研究和实证分析则极为匮乏，尤其是中国社会管理创新研究信息库建设方面，基本处于空白状态。这直接导致社会管理研究信息不全面、基础不坚实、系统不完善，以及指导实践能力的严重缺失。因此，创建内容丰富、结构完整、方法科学、数据翔实的"中国社会管理创新研究信息库"，不仅是夯实我国社会管理理论研究基础的战略需要，更是指导我国社会管理创新伟大实践的迫切需求，可以说，这是贯彻党的十八大精神、服务"加强和创新社会管理"战略部署的特殊的重大工程，也是我国社会管理学科建设、特色建设和长远发展的重要抓手，旨在为发展中国特色社会主义事业、促进社会和谐、全面建成小康社会和实现中国梦贡献，具有十分重要的政治意义、理论意义和现实意义。这个申请资助的报告，得到了中央宣传部领导的重视和支持。

2013年5月24日，全国哲学社会科学规划办公室批准"中国社会管理创新研究信息库建设"为2013年度国家社科基金特别委托重大项目，批准号为13@ZH013，责任单位为北京师范大学，我任首席专家。回想起来，我当时提出开展社会管理创新研究信息库建设，主要是顺应了国家发展战略的需求，抓住和用好了机遇：一是国家全面深化改革的重要机遇；二是加快建设中国特色新型智库的机遇；三是推进社会管理新兴学科建设的机遇。基于这样的考虑，2013年11月27日，我组织召开了这一重大工程项目的启动会和开题研讨会，并在研讨会上作了总结发言，明确提出要把这个社会管理创新研究信息库努力建成国家社会管理领域一流的、现代化的新型智库和大型公益专业数据库，建设成为"知识之库""智慧之库""精品之库"，必须坚持高起点、高水准、高质量。要以这个信息库建设为战略支点，吸引、汇聚各方力量，合作协同创新，充分发挥杠杆效应和增量效应。要开放合作，汇聚社会力量共同创建社会管理创新研究信息库，把信息库建设成为网络平台、协作平台、宣传平台，凝聚和吸引中外社会管理专家，组织和联合国内相关部门、地方、科研机构、高等院校、企业，进行全国性大型社会调查项目，增强依托信息库实施高水平大型科研项目的实力，推介和发布高质量、高水准的社会管理学术研究成果和决策咨询成果，构建具有高端品牌效应的社会管理成果推介窗口。

2015年9月25日，我在"中国社会管理创新研究信息库建设"推进会上讲话指出，这次会议的目的就是找出并正确认识工作推进过程中的问题。这些问题主要有以下几个方面。一是知识不够，包括专业知识、办信息库的经验。要把信息库的发展同数据库的开发、实验室的建设结合好，目前的知识和经验不够。二是能力不够，建库的手段和方法很缺乏。成功的信息库都有长期积累的一套东西，我们刚刚建立两年时间，目前仅仅是个积累的过程。三是队伍还不稳定。要建好信息库，需要组建一支高水平、可持续、热衷于这项事业的稳定团队。目前以老师兼职为主，没有稳定的团队不行。此外，其他配套设施也有缺失。针对这些问题，与会人员展开了热烈讨论，大家形成了解决问题的共识，包括：要与时俱进完善信息库的顶层设计和整体规划；要搭建好信息库软硬件平台，特别是搞清楚数据从哪里来，到哪里去；要明确成果如何转化，要形成一系列的品牌，可视化和可用性要强，可充分利用网站及微信、微博等社交媒体进行宣传推广，扩大影响；要开展好团队建设，包括专职与兼职人员，面向社会公开招聘，学生队伍的建设。要做好经费保障，科学合理使用好经费。

全国哲学社会科学规划办公室

2013年度国家社会科学基金特别委托项目立项通知书

魏礼群 同志：

经全国哲学社会科学规划领导小组批准，"中国社会管理创新研究信息库建设"被立为2013年度国家社会科学基金特别委托项目，批准号为13@ZH013，责任单位为北京师范大学，首席专家为魏礼群同志。该项目共资助240万元，分三年发付，首次拨付80万元。现将有关事项通知如下：

1. 项目责任单位要按照《关于申请资助〈中国社会管理创新研究信息库建设〉的报告》的内容，认真组织项目实施，整合优势学术力量和资源集体攻关，确保取得高质量研究成果。

2. 请根据《国家社会科学基金项目经费管理办法》的规定，认真填写《回执》中各项开支的详细经费预算，于6月20日前报送我办。我办收到《回

执》后即拨付首期研究经费。根据有关规定，项目经费不能用于人员费和办公费。

3. 请于每年11月份提交本年度总结报告、经费决算和下一年度工作计划。我办将根据年度项目执行情况和研究工作的实际需要，拨付下一期研究经费。

4. 请根据国家社科基金项目管理工作的有关规定，加强项目跟踪管理和经费使用检查，确保专款专用。要加强与我办经常性的工作联系和沟通，建立工作简报制度和联络员制度，请指定一名日常工作联系人。

5. 责任单位科研管理部门要加强对项目研究工作的组织和指导，切实承担管理职责。要通过召开开题论证会、成果发布会、学术研讨会、撰写项目进展综述、优秀成果评介等多种形式，加大对该项目及成果的宣传和介绍。重要阶段性成果，最终成果得到领导批示或被有关部门采纳的情况应及时报送我办备案；研究成果在公开出版或发表时，

要标注"国家社科基金特别委托项目资助"字样。

本通知请转发责任单位科研管理部门及课题组成员。

通讯地址：北京市西长安街5号
邮政编码：100806
联系人：孙玚
联系电话：010-83083060

全国哲学社会科学规划办公室
2013年9月24日

2013年5月24日，全国哲学社会科学规划办公室印发批准"中国社会管理创新研究信息库建设"为2013年度国家社科基金特别委托项目的通知，魏礼群任首席专家。

2013年11月27日，"中国社会管理创新研究信息库"开题研讨会嘉宾合影。第一排中间魏礼群。

"中国社会管理创新研究信息库"建设以来，始终明确定位，突出特色。实施方案一直根据需求的变化和技术更迭不断更新完善、优化进步，取得了一系列阶段性成果。目前内容涵盖"五库"：基础文献库、人才机构库、创新案例库、统计数据库、重大决策咨询成果库。其中，"基础文献库"主要对古今中外社会治理领域相关文献进行搜集、整理和汇编，并对其进行数字化分类编码和处理。"人才机构库"主要是收集、整理和汇编社会建设和社会治理相关机构和专家名录。"创新案例库"主要针对社会建设和社会治理典型案例进行系统梳理、提炼和编撰，既注重以史为鉴，又密切关注最新实践动态。"统计数据库"有别于传统的统计年鉴与数据收集整理，而是坚持问题导向、理论与实践相结合、服务咨政科研的大数据自主开发与数据累积。"重大决策咨询成果库"主要收集和整理本院社会治理决策咨询成果。

此外，信息库还打造了一个核心产品和三个基础服务平台。核心产品是"当代中国社会治理百科"，这一创意主要是基于中社院原创打造的大型文献图书《当代中国社会大事典》。三个基础服务平台分别如下。"调查数据统一管理"平台，主要是服务于中社院"结构化数据"的管理，可为教学和科研中定量研究使用的各类调查和统计数据提供全流程服务。"媒资管理系统"平台，主要是服务于中社院"非结构化数据"的管理。媒资管理系统最重要的特点就是通过搭建私有云将数据集中管理、保障数据安全，同时，系统还可对非结构化数据进行精细化管理。"网站集群系统"平台，主要是对中社院所有前端网站进行管理，目前包括：中社院中文网站、《社会治理》期刊网站、"中国社会治理论坛"专题网站、中社院内网等"网站集群系统"。主要功能包括：网站建设、内容管理、网页防篡改、网站运维、跨站全文检索。

"中国社会管理创新研究信息库"建设，是北京师范大学中国社会管理研究院的一个重要平台，在中国社会管理研究院统一领导下工作。朱光明教授担任主任，李放同志为副主任，聘用了一些工作人员和在校学生参加研究和建设活动。九年来取得了重要进展，但与原来的设想相比，还有不少工作任务待加强。

"调查数据统一管理"平台。

"媒资管理系统"平台。

八、提出并指导实施"百村社会治理调查"项目

为了引导社会治理智库研究和社会学教学更好坚持理论联系实际，做到"上连天线""下接地气"，我于2016年年初提出开展全国"百村社会治理调查"，将其作为重大调研项目，我亲自担任指导人，院党总支书记赵秋雁担任项目组长，萧放教授担任首席专家，组建研究团队，并多次主持研讨会，反复研究调查的任务、对象和方法。该项目作为北师大国家高端智库建设的重要抓手，2017年被列入学校交叉学科创新总课题任务之一，目的是拿出有深度、有时代感、有应用性的科研成果，服务于党和国家决策，推进乡村振兴和创新乡村社会治理，助力学校交叉学科平台建设。项目开展五年来，分四批启动了76个村落的调研项目，已覆盖全国28个省（自治区、直辖市），形成了以北师大中社院研究人员为核心驱动、全国40余所高校和科研单位的百余名专家学者共同参与的研究团队，并得到全国多个基层政府部门、社会组织和地方文化工作者的积极参与和配合，产出了一批具有重要决策咨询意义和理论价值的研究成果。

百村重大工程实施以来，我多次召开相关工作会议。2016年12月7日，主持召开"百村社会治理调查项目"研讨会。时任中国人民大学副校长洪大用，时任中国社会科学院社会学所社会政策研究室主任王春光等出席会议。会上，我对设立百村社会治理调查项目的学科建设和社会背景、预期主要成果，以及具体实施作了部署。提出，研究成果形式应当多样化，包括给党中央、国务院和地方党政决策提供咨询成果、撰写百村调查总报告和系列报告、出版专著、举办研讨会和论坛、公开在刊物和报纸上发表文章，适应形势发展不断产生出一些新成果等。我明确指出，对调查对象的设定需要继续筛选，要有一定的代表性。特别是在地区布局、在乡村类型上，要尽可能照顾到不同地区、不同类型村庄和村落特色。调查的内容要定性和定量相结合、静态和动态相结合、人和物相结合、有形调查和无形调查相结合。要重视调查设计，只有做好顶层设计以后，调查的方向、对象、内容、方法等才能清晰。调查的方式上，需要采取传统调查方式与现代调查方式相结合，设计有效的激励机制。落实调查的主体和组队形式。调查主体是北师大师生，也可以动员多方面人员与力量协同作战。

2019年11月9日至10日，由我担任首席专家的国家社科基金重大委托项目"新中国70年社会治理研究"课题组举办的"乡村振兴与社会治理"研讨会暨"百村社会治理调查"项目工作推进会在北京师范大学召开。会上，我充分肯定了项目组三年来取得的明显成绩、积累的经验，同时也指出了存在的一些问题和不足。总的来看，目前项目不仅产生了一批高质量的成果，而且积累了"四个坚持"的经验，还

形成了一支热心于乡村社会治理调查的队伍，为项目持续开展奠定了良好的基础。在这次会上，我着重阐释了党的十九届四中全会决定中关于推进社会治理现代化方面提出的"一系列创新性要求"，包括以下几个方面。（一）文件首次把社会治理问题作为单独一部分，列入十三个坚持和完善中国特色社会主义制度、推进国家治理体系和治理能力现代化的重要方面。（二）将党的十九大提出的"打造共建共治共享的社会治理格局"中的"格局"上升为"制度"，即"坚持和完善共建共治共享的社会治理制度"，内涵更丰富，要求更高。（三）将"社会治理体制"改为"社会治理体系"，并在"党委领导、政府负责、社会协同、公众参与、法治保障"的基础上，创新性增加了"民主协商""科技支撑"两大要素。（四）首次明确提出"建设人人有责、人人尽责、人人享有的社会治理共同体"的理念。（五）首次明确提出"构建基层社会治理新格局"，完善群众参与基层社会治理的制度化渠道，更明确指出健全党组织领导的自治、法治、德治相结合的城乡基层治理体系。（六）首次在党中央文件中提出"加快推进市域社会治理现代化"，统筹城乡发展。（七）突出提出坚持和发展新时代"枫桥经验"，并放在重点任务"完善正确处理新形势下人民内部矛盾有效机制"的第一条。（八）首次强调"注重发挥家庭家教家风在基层社会治理中的重要作用"。（九）突出提出"完善农村留守儿童和妇女、老年人关爱服务体系"；强调中国必须走城乡共同繁荣、共同发展、共同富裕的道路。（十）强调"健全充满活力的基层群众自治制度"，"着力推进基层直接民主制度化、规范化、程序化"。（十一）特别提出"推进中华优秀传统文化传承发展工程"，包括古城、古镇、古村落的保护与文化传承。（十二）提出"完善城乡公共文化服务体系，优化城乡文化资源配置，推动基层文化惠民工程扩大覆盖面、增强实效性，健全支持开展群众性文化活动机制，鼓励社会力量参与公共文化服务体系建设"。

2017年7月11日，魏礼群（第一排中）主持召开"百村社会治理调查"重大项目第一阶段中期汇报会。左二赵秋雁。第二排：左一王焱，右一杜静元。

2019年11月9日至10日，由国家社科基金重大委托项目"新中国70年社会治理研究"课题组主持的"乡村振兴与社会治理"研讨会暨"百村社会治理调查"项目工作推进会召开，魏礼群主持会议并发表讲话。

我在讲话中指出，党的十九届四中全会指明了我们国家制度和国家治理现代化的根本方向，要深入学习领会精神，认真贯彻落实。结合对党的十九届四中全会精神的解读，我对百村社会治理调查下一步工作提出希望和要求。一要加深认识，提高站位。要服务党政决策，服务乡村振兴战略，服务学科建设。二要坚守初心，不负使命，产出多样化高质量的成果，提出具有普遍价值的政策建议。三要稳步推进，分类指导，巩固发展已完成的项目，继续做好已立项但尚未完成的项目，适时适量增加一些项目。四要面向和服务实践，助推社会治理实践。五要加强团队建设，不断吸收合作伙伴。

2018年3月，魏礼群主持召开北京师范大学中国社会治理智库"百村社会治理调查"重大项目成果汇报会。

2019年11月9日至10日，"乡村振兴与社会治理"研讨会暨"百村社会治理调查"项目工作推进会现场。

2017年4月，"百村社会治理"项目首席专家萧放（左三）带团队在陕西蓝田县桥村调研。

2017年元宵节，"百村社会治理"项目首席专家萧放（中）带团队在北京千军台庄户村古幡会调研。

九、咨政建言　成果丰硕

　　2011年10月31日，教育部哲学社会科学研究重大课题攻关项目"社会管理体制创新研究"获准立项，我是项目首席专家，课题组长为时任北京师范大学社会发展与公共政策学院张秀兰副院长，这是中国社会管理研究院获得立项的第一个省部级重大项目。十年来，我带领智库研究团队围绕党和国家的重大战略需求，承担了多项国家级重大课题研究，包括：国家社科基金特别委托重大项目"中国当代社会管理创新与国家科学发展战略重大课题研究"（2012年），国家社科基金重大专项"习近平社会治理思想研究"（2016年），国家社科基金特别委托重大项目"新中国70年社会治理研究"（2018年），教育部哲学社会科学研究重大委托项目"中国特色社会主义社会学研究"（2021年）。

2013年4月19日，教育部哲学社会科学研究重大课题攻关项目"社会管理体制创新研究"中期研讨会合影。第一排：左三魏礼群，右二李秀峰，右三赵秋雁。第二排：左一杨丽，左三陈鹏，左四李芳，左五杜静元，右五党生翠，右二陈炜，右一余佳。

2015年12月16日，教育部社会科学司颁发的教育部哲学社会科学研究重大课题攻关项目"社会管理体制创新研究"结项证书。

国家社科基金特别委托项目"中国当代社会管理创新与国家科学发展战略重大课题研究"开题研讨会合影。第一排：左三魏礼群，左二刘应杰，左一丁元竹，右二邓文奎。第二排：左一赵秋雁，右一陈炜，右四蒲实。

2014年3月7日，全国哲学社会科学规划办公室颁发的国家社科基金特别委托项目"中国当代社会管理创新与国家科学发展战略重大课题研究"结项证书。

在开展重大课题及相关问题的研究中，组织撰写了一批社会治理方面的重要研究咨询成果，多篇咨政成果获得党和国家领导人的重要批示和转化为决策依据。例如：我提交的研究报告《提高社会治理水平，决胜全面小康社会》（2016年）、《习近平社会治理思想研究的报告》（2017年）、《党的十八大以来中国社会治理的新进展》（2017年）、《关于新时代坚持和发展"枫桥经验"的建议》（2018年）、《坚定不移推进社会治理现代化——新中国70年社会治理现代化历程、进展和启示》（2019年）等，都获得党中央主要领导同志批示。这对推动中国社会治理理论创新、学术创新、政策创新和实践创新产生了积极影响。

多年来，我还在中社院内部建立社会治理创新基金立项研究课题，组织教研人员承担咨询研究项目，取得了一批具有较高价值的学术研究和实践应用成果。经我指导、审改并呈报的研究报告达百余篇，例如：《推进新生代农民工融入城市及相关政策研究（一、二、三、四）》（2012年）、《关于加快青年信用体系建设的建议》（2015年）、《关于新时代"一国两制"下依法重构香港政社关系的建议》（2021年）、《加快建设老年人社会心理服务体系的建议》（2022年）等。不少研究成果获得了党和国家领导的重要批示。在社会治理决策咨询方面的研究成果，既是我多年在党和国家综合政策研究部门经验的积累、延续和升华，更是对我国经济社会发展时代前沿问题的敏锐捕捉和探索。

我们的咨政建言成果主要包括十个方面：习近平社会治理重要论述学习与研究、社会治理发展和规划研究与建言、学科建设和人才培养研究与建言、法治社会和诚信社会建设研究与建言、社会组织和志愿服务研究与建言、健康中国研究与建言、社会保障和老龄化研究与建言、乡村治理研究与建言、基层社会治理研究与建言、新冠疫情防控研究与建言。我主持撰写、审改、呈报的这些决策咨询报告，获得了党和国家领导人的重要批示，有力推动了实际工作。这里，仅举几例。

2013年，党的十八届三中全会提出，全面深化改革的总目标是完善和发展中国特色社会主义制度，推进国家治理体系和治理能力现代化。这次全会还从国家治理现代化的政治高度提出了创新社会治理体制的重大任务。作为国家高端智库，中国国际经济交流中心随即设立了"加强和创新社会治理问题研究"重大课题，并由我担任课题首席专家。在我的指导和带领下，撰写了一批研究成果，其中《国家社会治理现代化的总体思路》和《加强创新社会治理的战略考虑》研究报告，发表在《中国智库经济观察》（2015年）。《国家社会治理现代化的总体思路》主要内容包括：按照"四个全面"战略布局的要求，在社会治理现代化的伟大进程中，着眼于维护最广大人民的根本利益，最大限度地调动社会各方面积极性，最大限度地增强社会发展活力，在法治、制度、能力、价值四个方面更好地保障和改善民生、调处社会关系、促进社会公平正义，这样整个国家社会治理体系才能更加有效地运转。《加强创新社会治理的战略考虑》主要包括四方面内容。（一）社会治理的时代内涵：社会是进步的；社会是平等的；社会是包容的。（二）社会治理的战略要点：统筹国内国际两个大局；凝聚力量与共识；切入点是源头治理，突破点是群防群治，着力点是法治方式。（三）创新社会治理的重大举措：加快推进社会体制改革；加快创新社会治理体系；加快建设基层信息平台；加快激发社会组织活力；加快完善社会保障体系；加快健全公共安全体系；加快促进社会文化建设。（四）改革创新社会治理的制度建设：加快创新社会公共服务制度；加快创新公共安全制度；加快创新基层自治制度；加快完善社会组织自治制度。

2015年年初，共青团中央委托北京师范大学中国社会管理研究院承担"青年信用体系建设研究"重大课题，由我担任课题组组长。在我的指导和带领下，经过课题组的大量调研，2015年5月撰写出《关于加快青年信用体系建设的建议》。这个研究报告的主要内容包括四个方面。（一）建设青年信用体系意义重大、势在必行。加快推进青年信用体系建设，是贯彻落实党中央、国务院建设社会信用体系战略部署的重要任务，是推动青年践行社会主义核心价值观的重要举措，是增强团组织凝聚力和影响力的内在要求，为支持青年就业创业、促进青年成长成才提供重要平台。（二）青年信用体系建设的总体思路和主要内容。总体思路是，充分发挥共青团和青年志愿者的组织体系优势，收集团员和志愿者身份、志愿服务、特长等方面信息，基于互联网和大数据思维与技术手段，收集和交换青年消费、行为和社交等信息，运用信用评估模型，多维度、动态化地记录与描绘青年的信用状况，并应用到青年就业、创业、婚恋、消费、融资等方面，建立兼具正面激励和负面惩戒相结合的社会信用体系。主要内容包括信息库建设，评估系统建设，应用系统建设，以及推动青年信用体系建设的三个关键环节。一是通过各种渠道进行宣传推广，动员和吸引青年主动注册成为青年信用体系用户；二是整合企业及社会资源开发信用应用产品，基于用户的信用评估得分，为用户提供满足切实需求的信用服务，在信用服务的过程中沉淀更多信用信息并利用自身不断积累的信息撬动获取更多外部信用信息；三是在信用服务过程中，验证信用评估模型，并结合更多的信用信息补充和改进信用评估模型。（三）加快青年信用体系建设的可行性，主要包括四个方面。一是信息电子化和大数据技术飞速发展，为青年信用体系建设提供了可靠的技术支撑；二是深入人心的"互联网+"思维，为青年信用体系建设全面整合信用信息奠定了有效基础；三是社会资本积极参与协同共治，为青年信用体系建设提供了充足的资金保障；四是国内青年志愿者服务平台的重要探索，为青年信用体系建设积累了宝贵经验。（四）加快青年信用体系建设的建议，主要包括三个方面。一是加强顶层设计，纳入国家"十三五"规划重大专项；二是突出自身特色，积极拓展信用应用渠道，兼顾公益性和效益性；三是重视配套设计，全方位、多视角地推进。这份研究报告获得中央领导批示后，直接推动了我国青年信用体系建设。共青团中央被纳入国务院社会信用体系建设部际联席会议成员单位，并为《青年信用体系建设规划（2016—2020）》的起草提供了重要参考和借鉴。这项研究成果荣获北京市第十四届哲学社会科学优秀成果奖二等奖，其相关内容被写入《国务院关于建立完善守信联合激励和失信联合惩戒制度，加快推进社会诚信建设指导意见》（国发〔2016〕33号）。

中国共产主义青年团中央委员会

结项证书

课题名称：关于加快青年信用体系建设的建议
课题首席专家：魏礼群
主要参加人：赵秋雁 刘钢 谢琼 陈鹏

本项目经审核准予结项，特发此证。

团中央权益青年工作部

2015年6月，共青团中央颁发给"关于加快青年信用体系建设的建议"课题组的项目结项证书。魏礼群为课题首席专家，赵秋雁、刘钢为课题组组长。

2017年8月，北京市委、市政府颁发给《关于加快青年信用体系建设的建议》主要作者的获奖证书。

2017年4月，为系统总结青年信用体系建设成果，进一步深入推进青年诚信建设工程，以我为首席专家的课题组撰写了《关于深入推进青年诚信建设创新工程的建议》。这份研究报告主要内容包括三个方面。（一）主要工作进展、效果和影响。一是纳入国家重大战略决策，完善相关政策环境；二是加大数据采集、共享和应用力度，稳步推进信息系统建设；三是扩大开展试点工作，推动青年诚信建设实践创新；四是广泛动员社会力量参与，落实建设资金保障；五是加强诚信文化宣传，正向引导社会舆论；六是深化青年信用体系研究，推动诚信理论创新。（二）存在的问题和产生原因。一是"重信用讲诚信"的氛围还不浓厚，不少青年诚信意识淡薄；二是信用数据分散、标准不一、共享不足，存在大量"信息孤岛"；三是财政支持力度不够，青年信用体系建设资金不足；四是个人征信相关的制度障碍有待突破。（三）深入推进青年诚信建设创新工程的建议。一是进一步完善顶层创新设计，加强组织领导和政策支持；二是进一步完善数据归集机制，加强信用数据基础建设；三是进一步推动诚信基础理论和标准规范研究，突破关键难题；四是进一步倡导诚信文化，加强宣传教育工作。这份研究报告获得中央领导批示后，进一步推进了青年信用体系建设。

2017年，以国家社科基金重大专项"习近平社会治理思想研究"为依托，我担任首席专家，李培林、李建军、赵孟营等担任咨询专家，赵秋雁、董磊明等担任组长，陈鹏、吕德文、谢志强、尉建文、杨华锋、王海侠、焦长权、彭庆辉、孙金阳、曹鸣玉为主要成员共同组成研究团队，形成了研究成果——《习近平社会治理思想研究》。研究认为，习近平社会治理重要论述是新时代中国特色社会主义思想体系的重要组成部分，其立意高远、内容丰富、思想深邃，将共产党的领导与社会主义制度优势，发展演化为21世纪科学社会主义社会治理的新优势。深入研究习近平社会治理重要论述的主要依据、基本内容和全新境界，具有重大的现实意义和深远的历史意义。该研究报告重点分析了习近平社会治理重要论述产生的主要依据、基本内容与开拓的新境界，提出习近平社会治理重要论述根植于中国特色社会主义新时代，具有理论基础、历史根据和时代背景、现实依据。（一）习近平社会治理重要论述是在新的历史条件下，继承和发展马克思主义与中国共产党历代领导集体的治国理政思想，解决新时代中国社会治理这一时代命题的智慧结晶；是对马克思列宁主义、毛泽东思想和中国特色社会主义理论体系的坚持与发展，是马克思主义中国化和中国特色社会主义理论体系的最新成果。（二）迄今为止人类社会治理的经验和教训，特别是新中国成立后社会主义"前三十年"与"后三十年"正反两方面社会建设的历史经验和教训，是习近平社会治理重要论述产生的历史依据。（三）风云变幻的国际局势与中国日益走近世界舞台中央，是习近平社会治理重要论述产生的国际背景；我国处于深刻社会变革的发展阶段与纷纭复杂的社会矛盾相互交织，是习近平社会治理思想产生的国内背景。（四）习近平社会治理重要论述产生的现实依据。习近平社会治理重要论述是对党的十八大以来我国社会主义社会治理新鲜经验进行科学总结的成果。

国家社科基金治国理政专项"习近平社会治理思想研究"结项证书。

《习近平社会治理思想研究》获得第八届高等学校科学研究优秀成果奖（人文社会科学）。

同时，研究报告重点分析了习近平社会治理重要论述的基本内容，即习近平社会治理重要论述突出体现在以下十个方面。（一）党的领导论。加强和改进党的领导，是习近平社会治理重要论述的灵魂。一是社会治理要充分发挥党总揽全局协调各方的领导核心作用。二是以党风政风好转带动社会风气的好转。三是提高党领导社会治理的能力。推进社会治理现代化，关键在于完善党的执政方式，提升党的执政水平，巩固党的执政地位。（二）人民中心论。坚持以人民为中心，是习近平社会治理重要论述的根本政治立场。一是社会治理以服务人民为根本宗旨。二是社会治理以人民群众为主体力量。三是社会治理以人民满意为根本标准。四是社会治理以建设充分体现人民为主体地位的社会为依归。（三）民生为本论。以民生为本，是习近平社会治理重要论述的本质体现。主要体现在：一是增进民生福祉是社会治理的根本之策。民生是人民幸福之基、社会和谐之本。二是丰富民生内涵是社会治理创新的重要方面。三是维护群众合法利益是维护社会稳定的基础。四是关心"民生"才能赢得"民心"。（四）公平正义论。促进公平正义，是习近平社会治理重要论述的核心要义。一是健全社会公平保障体系。二是坚持走共同富裕道路。三是建立共建共治共享社会。（五）德法共治论。德治和法治并举，是习近平社会治理重要论述的重要支柱。一是强调创新社会治理的道德基础是社会主义核心价值观。二是强调社会治理现代化的基本标志是实现法治。三是强调现代社会治理的基本规律是坚持德法互济。（六）体制创新论。创新体制机制，是习近平社会治理重要论述的显著标志。一是创新社会治理体制，明确提出中国特色社会治理体制的基本模式是党委领导、政府负责、社会协同、公众参与、法治保障，社会治理的改革与创新都要以此为目标取向。二是改进社会治理方式，坚持系统治理、依法治理、源头治理、综合施策。三是完善社会治理机制。（七）不忘本来论。传承发展中华优秀传统文化，是习近平社会治理重要论述的鲜明特色。一是正确处理继承和创新的关系，在新的历史条件下对中华优秀传统文化进行创造性转化和创新性发展将为推进社会治理现代化集聚最为深厚雄浑的力量。二是重视家庭在社会治理中的基础地位。三是重视优秀传统文化对社会主义核心价值观的涵养。（八）群众工作论。加强和改进群众工作，是习近平社会治理重要论述的基本要义。习近平社会治理重要论述十分重视做好群众工作。一是社会治理本质上就是做群众工作。二是创新社会治理需要再造群团工作活力。三是思想政治工作是社会治理的重要方式。（九）基层重心论。注重基层建设，是习近平社会治理重要论述的突出风格。一是城乡社区治理创新，强调搞好社区治理是社会治理的基础环节，是创新社会治理的重要突破口。二是社会组织改革创新。三是推进"网格化管理、人性化服务"。概言之，对基层基础的高度重视，充分表明习近平社会治理重要论述具有强烈的问题意识、扎实的实践基础和深厚的为民情怀。（十）总体安全论。树立总体安全观，是习近平社会治理重要论述的重大创新。一是统筹"外部安全"和"内部安全"。二是统筹"传统安全"与"非传统安全"。三是统筹"国土安全"与"国民安全"。四是统筹"国家发展"和"国家安全"。五是统筹"自身安全"与"共同安全"。总体而言，总体国家安全观的提出，充分体现了习近平关于参与全球治理、提供中国方案、构建人类命运共同体的道路自信、理论自信、制度自信、文化自信。

每一方面都自成一体、构成完整的系统思想，同时十个方面又相互贯通、相辅相成，相互促进、相得益彰，共同统一于推进中国特色社会主义伟大事业和实现中华民族伟大复兴的中国梦进程当中。

最后，研究提出习近平同志创立的科学的社会治理重要论述，开拓了中国特色社会主义社会治理的全新境界。（一）开拓了科学社会主义社会治理思想的新境界。习近平社会治理重要论述，深入观察和分析当今中国社会发展与变革中的新情况新问题，提出一系列社会治理新理念新思想新决策，开拓了科学社会主义社会治理的新境界。（二）开拓了传统社会管理向现代社会治理转变的新境界。"社会管理"转变为"社会治理"，虽然只有一字之差，但思想更深刻、内涵更丰富。（三）开拓了中华优秀传统文化与现代社会文明相融合的新境界。通过不断总结中国悠久的治理传统和历代中国共产党人治国理政经验教训，以及吸收借鉴人类社会现代优秀文明成果，将中国传统社会治理模式进行创造性继承和创新性发展，将世界现代文明先进理念、有益做法进行分析鉴别和选择性吸收。（四）开拓了以打造人类命运共同体为导向的国际社会治理关系的新境界。习近平社会治理重要论述具有全球视野性、国际前瞻性、人类关怀性。倡导"和而不同"的价值理念，坚持正确义利观，构建人类命运共同体的思想和实践，开拓了国际社会治理的新境界。

第三章

励教育人

一、学科建设

在应邀担任中国社会管理研究院院长后，我愈加感受到学科建设的重要性，主要围绕社会学学科建设和交叉学科建设作了相关工作部署。中国社会管理研究院/社会学院是北京师范大学社会学一级学科主建单位，通过设立理论社会学、应用社会学、社会管理与社会政策、社会工作、人类学、民俗学六个二级学科，共同建构了一个研究社会的系统体系，形成了"以基础研究为前提、咨政服务智库建设为重点、交叉创新研究为趋势"的学科优势和特色。

（一）助力国家社会学学科发展

随着我国经济社会发展对社会学学科建设需求的不断增强，我深刻认识到，社会科学特别是社会学，应为我们这个时代承担起更多的责任，给予中国这个巨大的社会科学试验场以新的阐释，为中国社会建设与社会治理提供更有深度更有价值的智力支持，这就需要加强社会学学科建设，全面发展社会学学科。为此，我就"增设'社会管理'为国家一级学科"和"改革学科建制和提升社会学地位"两个重要问题，分别成立了专项课题组，予以重点研究和攻关，并撰写两个咨政建议。

2012年10月，我主持研究撰写了《关于增设"社会管理"为国家一级学科的可行性研究报告》。该报告首先从经济社会发展的战略需求、社会管理人才培养的迫切需要、学科体系建设和发展的内在要求三方面，论述了增设"社会管理"为国家一级学科的必要性。接着，从党中央、国务院高度重视加强和创新社会管理工作、各地各部门社会管理创新实践方兴未艾、社会管理理论研究日趋深入、社会管理培养模式不断创新四方面，论述了增设"社会管理"为国家一级学科的可行性。最后，从社会管理的研究对象、社会管理学的学科体系、社会管理的人才培养体系三方面，提出了增设"社会管理"为国家一级学科的基本构想。该报告获得国务院领导重要批示后，教育部部长、党组书记袁贵仁等领导同志也相继作出批示，这个研究报告直接推动了我国社会管理学科建设的进程。2013年4月，国务院学位委员会在听取各方面意见基础上正式将社会管理列入国家学科体系，将其作为社会学二级学科。同时，在管理科学与工程一级学科下，将"社会管理工程"增设为二级学科，这既是管理科学与工程一级学科范畴与内涵的深化，也与社会管理学科相呼应，上述内容已发布在国务院学位委员会第六届学科评议组编写的《学位授予和人才培养一级学科简介》（高等教育出版社，2013年）上。这是我国社会管理学科建设的重要里程碑，也是北京师范大学为促进国家学科建设和人才培养作出的贡献。

2013年6月，我主持研究撰写了《关于改革学科建制和提升社会学地位的建议》。该报告首先从是全面完善和发展中国特色社会主义伟大事业的必然要求、是加快培养社会领域专业人才和优化国家人才结构的迫切需要、是提升我国社会科学影响力和强化国际话语权的战略举措、是研究借鉴国际上发达国家重视社会学发展经验的重要启示等四方面，论述了把社会学提升为学科门类的必要性。接着，从社会学已经形成较完整的学科体系，已经具备较为成熟的科学研究架构，已经形成健全的人才培养体系和模式，已经确立服务国家发展和社会需要的学科定位意识，社会学已经建立一系列全国性的学术组织五方面论述了社会学由一级学科提升为学科门类的可行性。最后，提出社会学学科门类下的一级学科设置设想建议。该报告得到党中央、国务院领导同志的重要批示，教育部部长袁贵仁等领导同志也相继对该报告作出批示。国务院学位委员会办公室负责人多次召集有关方面专家研究论证，并当面听取我的意见。尽管由于某些原因使此项工作推迟下来，但国务院学位委员会办公室也在实际工作中从多方面加强了社会学学科建设。

2013年4月，魏礼群（第一排左三）主持社会管理学科和教材建设专家研讨会合影。第一排：右三著名社会学家陆学艺教授，右一翟振武教授，右二谢立中教授，左一沈原教授，左二王名教授。第二排：左六赵秋雁教授，左七高丙中教授，左八龚维斌教授，左九麻国庆教授，右二尹栾玉教授，右九丁元竹教授。

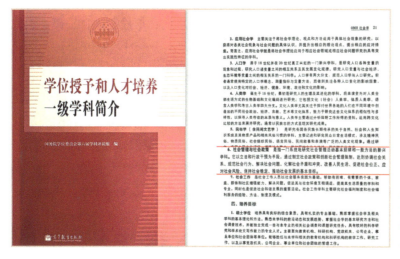

国务院学位委员会第六届学科评议组编写的《学位授予和人才培养一级学科简介》（高等教育出版社，2013年）。

2014年10月17日，"改革学科建制和提升社会学地位"专家研讨会合影。第一排：左七魏礼群，左六李培林，左五李强，右六刘应杰，右五洪大用，右一赵秋雁。

2015年1月13日，北京师范大学党委决定成立社会学院，并创新办院体制，实行社会学院与中国社会管理研究院"一个实体、两块牌子"运行，社会学院主要承担社会学一级学科建设和社会学人才培养工作，中国社会管理研究院主要承担面向国家重大需求的科学研究和国家智库建设工作。实行智库建设和学科建设双轮驱动，致力于建设国家高端社会治理智库和一流社会学学术重镇。这是北京师范大学积极响应国家加强社会建设、创新社会治理和培养社会领域高层次人才的战略部署，也是贯彻落实党中央《关于加强中国特色新型智库建设的意见》，建设世界一流大学的重大创新举措。

2017年，经国务院学位委员会第三十四次会议审议批准，北京师范大学社会学获批为博士学位授权一级学科，中国社会管理研究院/社会学院为主建单位。这是北京师范大学社会学学科建设的里程碑事件，也是多年努力和期盼的结果。同年，在全国社会工作硕士专业学位教育指导委员会支持指导下，成立北京师范大学社会工作教育中心。2019年，中社院新增社会学博士后流动站，形成了本科、硕士、博士全方位的完整的人才培养体系。2022年6月，北京师范大学社会学学科被列入北京市学科建设重点。

2020年8月，习近平总书记在经济社会领域专家座谈会上指出，"新时代改革开放和社会主义现代化建设的丰富实践是理论和政策研究的'富矿'，我国经济社会领域理论工作者大有可为"，并明确提出"不断发展中国特色社会主义政治经济学、社会学"，第一次提出了发展中国特色社会主义社会学的重大命题。这是在新时代新征程更好坚持和发展中国特色社会主义的必然要求，是新时代新征程拓展社会发展新局面的迫切需要，是新时代新征程的重大课题，具有重要的理论价值、应用价值、社会价值。因此，2020年年底，我就组织学院教研人员开展《中国特色社

2017年，北京师范大学社会学获批为博士学位授权一级学科，中国社会管理研究院/社会学院为主建单位。

2017年4月22日，魏礼群（右二）和民政部社会工作司司长吕晓莉（左二）共同为北京师范大学社会工作硕士教育中心特聘专家颁发聘书。右一谢立中教授。

2017年4月22日，魏礼群（左一）与中心特聘专家谢立中教授（右一）为北京师范大学社会工作硕士实习基地授牌。

会主义社会学》一书的编写工作，召开过多次讨论会议。2021年，我组织研究上报《关于深入开展中国特色社会主义社会学研究的基本思路和预期主要成果报告》，获国务院领导重要批示，教育部主要领导也作出批示，通过专家评议，纳入教育部重大攻关项目。我认为编写这本书是上有要求，下有响应，有机遇、有难度、有意义、有基础。我相信这本书对研究和发展中国特色社会主义社会学，认识中国社会，总结中国社会运行和发展规律，指导中国社会建设和发展，从国际比较中吸收借鉴国外社会发展经验，提供中国社会发展经验，探讨人类社会发展一般规律，推动构建人类命运共同体等，具有重要的现实意义和深远的历史意义。同时，对中国特色社会主义社会学学科发展，帮助青年学生认识中国当代社会、解决社会运行中的问题等，也具有重要作用。

（二）主持制定学校"十四五"时期社会学学科发展规划

北京师范大学社会学学科历史悠久、底蕴深厚，李大钊同志和李达、李景汉、钟敬文等名师大家为社会学学科创立和发展奠定了重要基础。发展和完善中国特色社会主义事业，需要全面发展和繁荣社会科学特别是社会学。当前，社会学学科发展处于战略机遇期。为服务国家战略需求和学校"双一流"建设，加快社会学学科建设不仅十分必要，也非常迫切。2020年，在学校统一部署下，中国社会管理研究院/社会学院研究制定"十四五"时期和更长远的发展目标。2021年3月，研究制定了《社会学学科"十四五"发展规划》，提出社会学学科发展目标，即着力打造具有中国特色的社会学人才培养基地、科学研究高地、社会服务阵地、文化传承园地和文明沟通交流的桥梁，把北京师范大学社会学建设成为全国社会学学科的一流学术重镇。以2025年为近期目标，设立近期、中期、长期目标体系。

规划提出，坚持以马克思主义和中国特色社会主义理论体系为指导，以立德树人为根本，以建设中国特色社会学为方向，尊重社会学学科发展规律，明确战略目标重点，正确处理理论与实践、传承与创新、学科建设与智库建设的关系，走以内涵为主的建设之路。建设方略是"一条主线、三大抓手、五大平台"，简称"135战略"，即以中国社会变迁与社会建设为主线，以人才建设、团队建设和制度建设为抓手，全面打造学生优质成长平台、科研融合创新平台、学科基础设施平台、社会实践服务平台、国际交流合作平台，形成智库研究与学科建设双轮驱动、相互促进的良性发展格局。规划还明确了社会学学科建设的重点方向，即围绕中国特色社会主义社会建设与社会治理的重大问题，立足国内外社会学学科现状和学院的既有基础，按照"固优势、强弱项、补短板、创新兴"原则，巩固民俗学在国内的优势地位，尽快补齐社会学基础理论之短板，重点发展应用社会学，创新交叉学科平台，形成若干在国内处于领先地位的学术集群。

二、人才培养

我始终高度重视高层次人才培养，深感培养社会建设和社会治理人才责任重大，更加关心学生成长进步，努力为他们的全面发展积极创造各种条件。正所谓，"大学之大，乃学生之大"。学生是学校最活跃的主人、最亮丽的风景，培养学生也是最重要的成果。这些年，我坚持把促进学生健康成长成才作为各项工作的根本出发点和落脚点。

（一）毕业典礼系列讲话

社会学院成立后，每届毕业典礼上，全院教师、毕业生、校友代表、受邀嘉宾和学生家长等欢聚一堂，重温求学光阴，共同见证难忘的毕业时刻。这也总能让我情不自禁地回想起自己在北师大读书时的情景，也正是在北师大的学习生活，为我以后人生道路奠定了坚实基础。作为师长和朋友，千言万语也难以表达我对毕业生们的祝福。因此，每届毕业典礼我都认真考虑、精心准备，对毕业生们深情寄语，勉励他们志存高远、奋发进取、追求卓越，不断续写精彩人生。我每年都会以做一个什么样的人为主题，与毕业生分享交流感悟和看法。这些讲话在毕业生、毕业生家长和在读学生中产生了良好影响。

1. 2015届毕业典礼

2015年6月27日，社会学院举行2015届毕业典礼，这是北京师范大学发展史上首次举办社会学院毕业生的毕业典礼。此时，我担任新成立的北京师范大学社会学院院长才三个多月，还没有来得及与即将离校的毕业生们熟悉起来，就要与大家告别，我倍感遗憾。看到毕业生们满载丰硕的学习成果，即将踏上人生的新征程，奔向新的梦想沃土，我又由衷地感到欣慰。再三思考后，我以《做一个什么样的人》为题作寄语，主要内容如下。

一是勤奋好学，做个终身学习的人。要坚持学习、勤奋学习、刻苦学习，把学习作为每天生活所必需，作为终生的一贯追求，做到工作学习化、学习工作化，生活学习化和学习生活化。要博学多识，学好科学理论，学好国家法律法规和方针政策，学好专业知识。坚持干什么学什么，缺什么学什么。在学习中开阔眼界、增长见识、提高本领。既要读"有字之书"，又要读"无字之书"。既要读书本之书，又要读实践之书。坚持理论联系实际，做到知行统一，把治学与做人紧密结合起来，做一个学习的有心人。

二是砥砺德行，做个崇德守道的人。要注重道德品行修养，树立正确的人生观、价值观，努力做一个品德高尚的人，做一个自尊自爱、自立自强的人。要坚守良知，保持自信、理性、平和的心态，防止急功近利和浮躁情绪，戒骄戒躁、抵制诱惑，忠诚于自己心中的道德律令，忠诚于国家和人民的事业，与时代同步伐，与祖国齐奋进，与人民共命运。

三是脚踏实地，做个求真务实的人。要把立志高远与脚踏实地结合起来，把全部心思和本领用在"真干事、干成事"上。不能眼高手低，不要好高骛远。谋事要实，创业要实，做人要实。想问题、办事情，不唯书、不唯上、不唯洋，只唯实。要把每一项活动都当作一次难得的历练、一次人生的积累。从"说好每句话、办好每件事"做起。踏踏实实走好每一步，扎扎实实办好每一件事，为一生之旅打下坚实的基础。实践出真知，一切真知都是从直接经验得到的，要敢于实践、勇于实践，在实践中经受锻炼、得到提高。

四是甘于奉献，做个勇于担当的人。一要爱岗敬业、勤勉工作。要热爱自己的职业岗位，对自己的工作岗位要充满感情、热情和激情。二要直面挑战、勇担重任。必须具有敢于冒风险、迎难而上的精神，该豁出去的时候决不能犹豫，一往无前，无所畏惧。三要坚韧不拔、不怕挫折。必须始终保持昂扬斗志，愈挫愈勇，百折不挠。在逆境中奋起，更需要在绝望处求生存、谋发展。四要热爱集体、奉献社会。始终把国家富强、民族振兴、人民幸福作为崇高使命，为全面建成小康社会、推进社会主义现代化、实现中华民族伟大复兴的中国梦而不懈奋斗。

2015年6月27日，魏礼群在社会学院2015届毕业典礼上发表寄语讲话。

2015年6月27日，魏礼群（第一排左八）与社会学院2015届毕业生合影。第一排：赵秋雁（右八），朱红文（左七），王苗（左二），陈鹏（左四），张汝立（右七），萧放（右六），傅昌波（左六），尹栾玉（右三），刘冰（右二），杨丽（右四），朱霞（右五），刘逸帆（左五），葛云（左一），王焱（左三）。第二排：董磊明（右二），李放（右一），朱瑞（左一）。

2. 2016届毕业典礼

2016年6月25日，社会学院举行2016届毕业典礼。2016届毕业生共计53人，其中本科毕业生17人，研究生毕业生36人（学术型硕士研究生12人，专业型硕士研究生24人）。校友嘉宾中国社会科学院学部委员、民俗学研究所所长、研究员，国际哲学与人文科学理事会主席，中国民俗学会会长朝戈金，学院教师、2016届毕业生、毕业生家长及各年级学生170余人参加了典礼。我在英国发来了寄语，党总支书记兼副院长赵秋雁转达了我的祝福："祝社会学院2016届毕业典礼顺利、成功！祝全体毕业生踏上人生新旅程，一帆风顺，诸事如意！""旅"寓意"旅行"：面向未来、走向社会、充满希望；"程"寓意"征程"：万里长征第一步，而今迈步从头越！

社会学院2016届毕业生合影。

3. 2017届毕业典礼

2017年6月22日，社会学院举行2017届毕业典礼。2017届毕业生共计69人，其中本科毕业生30人，研究生毕业生39人（博士研究生1人，学术型硕士研究生10人，专业型硕士研究生28人）。校友嘉宾民政部社会工作司司长吕晓莉，学校研究生工作处应中正处长，学校本科生工作处王洛忠处长，学院教师、2017届毕业生、毕业生家长及各年级学生190余人参加了典礼。

在毕业典礼上，我以《做一个敢于担当的人》为题作寄语，主要内容如下。"担当"成为我们这个时代迫切需要和普遍呼唤的一种可贵的精神与心智品质，是每一位社会学人理应具有的鲜明品格和崇高责任。所谓"担当"，就是接受并负起责任。在现实生活中，担当与人们关于责任、良心、价值、奉献、牺牲、勇气和才干等方面联系在一起，从而被赋予丰富的内涵。正如习近平总书记指出，做一个敢于担当的人，特别是敢于担当的领导干部，必须坚持原则、认真负责，面对大是大非敢于亮剑，面对矛盾敢于迎难而上，面对危机敢于挺身而出，面对失误敢于承担责任，面对歪风邪气敢于坚决斗争。这是对担当精神的科学阐释，指明了在什么情况下要敢于担当，具有很强的现实针对性，也值得我们每一位青年学子认真学习并努力践行。作为一个社会学专业的毕业生，不论走到哪里，也不论做什么工作，都应当具有一种敢于担当的精神和品质。我勉励各位学子努力实现"四种担当"，即面对自我，敢于担当；面对家庭，敢于担当；面对职业，敢于担当；面对社会，敢于担当。同时，要培育和具备"四种心"，即自信心、进取心、责任心和包容心。

2017年6月22日，魏礼群（第一排左八）与社会学院2017届毕业生合影。

社会学院2017届毕业生合影。

4. 2018届毕业典礼

2018年6月26日，社会学院举行2018届毕业典礼。2018届毕业生共计53人，其中本科毕业生26人，研究生毕业生27人（学术型硕士研究生3人，专业型硕士研究生24人）。校友嘉宾中国社会科学院研究员巴莫曲布嫫，学校党委学生工作部部长王洛忠，学院教师、2018届毕业生、毕业生家长及各年级学生150余人参加了典礼。

在毕业典礼上，我以《做一个诚实守信的人》为题作寄语，主要内容如下。诚信是一切社会价值的根基，也是社会运行的基本规范。所谓诚实守信，一是指真诚无妄，诚实无欺，尊重事实，实事求是；二是指信守诺言，讲求信誉，注重信用；三是指言行一致，言必行，行必果，表里如一。在我国传统伦理中，诚信被视为"国之大纲""政事之本""立德修业之基"。诚信无形，却可以经天纬地；诚信无色，却可以耀人眼目；诚信无味，却可以散发出醇厚的芬芳。习近平总书记在党的十九大报告中深刻指出："青年兴则国家兴，青年强则国家强，青年一代有理想、有本领、有担当，国家就有前途，民族就有希望"。我勉励各位学子：诚实守信，乃立身之本、待人之道、兴业之基。做一个诚实守信的人，就要忠诚老实、信守承诺、表里如一、躬身垂范。我希望各位学子心中永远充满诚信精神，坚守诚信，践行诚信，使出手的每一件作品，出口的每一句话语，承办的每一件事情，经得起良心的拷问，经得起大众的品评，经得起社会的推敲，经得起时间的检验。最终，化作人生的烙印，无愧于"学为人师，行为世范"的北师大校训。

2018年6月26日，魏礼群（第一排左九）与社会学院2018届毕业生合影。

社会学院2018届毕业生合影。

5. 2019届毕业典礼

2019年6月26日，社会学院举行2019届毕业典礼。2019届毕业生共计70人，其中本科毕业生28人，研究生毕业生42人（博士研究生3人，学术型硕士研究生15人，专业型硕士研究生24人）。校友嘉宾中国民俗学会副会长安德明，学院教师、2019届毕业生、毕业生家长及各年级学生200余人参加了典礼。

在毕业典礼上，我以《做一个自强不息的人》为题作寄语，主要内容如下。自强不息，这是人们耳熟能详的成语，也是一句砥砺奋进、言简意赅的格言。自强不息，是自觉地努力向上，永不松懈地奋斗。面对人生道路上的荆棘丛生、坎坷不平，唯有自强，才能克服苦难、战胜挑战，用好机遇、获得成功；唯有持续不懈地自励和坚守，才能踏石留印，抓铁有痕，完成一次又一次的自我超越，实现一次又一次的自我升华！做一个自强不息的人，必须具有远大理想的初心。初心是奋斗的原动力，也是人生的定盘星。作为一个新时代青年，就应将自己的远大理想和追求，与实现国家现代化和中华民族伟大复兴的中国梦紧紧联系在一起。希望在今后的日子里，各位学子能够一以贯之、始终坚持用自强不息来坚定自己的理想、锻造自己的风骨、强壮自己的人格。做一个自强不息的人，必须具有坚如磐石的意志。不断磨炼自己的意志和心境，让内心坚强坚韧，是多么重要！只有以坚韧不拔、坚如磐石的意志，应对一切困难和挫折，从困难和挫折中接受考验、汲取力量、获得激励，正确对待一时的成败得失，处优而不养尊，受挫而不短志，则目标可达、功业可就。做一个自强不息的人，必须持之以恒的奋斗。奋斗不只是响亮的口号，而是要在做好每一件小事、完成每一项任务、履行每一项职责中见精神。我勉励各位学子要具有远大理想的初心、坚如磐石的意志、持之以恒的奋斗，勇于迎难而上，扛起使命担当。

魏礼群（第一排左七）与社会学院2019届毕业生合影。第一排：赵秋雁（右六），董磊明（左六），萧放（右五），张汝立（左五），色音（右四），王苗（左一），尹栾玉（右三），肖索未（右二），杜静元（右一），陈鹏（左三），焦长权（左二），谢琼（左四）。

社会学院2019届毕业生合影。

6. 2020届毕业典礼

社会学院2020届毕业生共77人，其中本科毕业生27人，研究生毕业生50人（博士研究生3人，学术型硕士研究生23人，专业型硕士研究生24人）。2020年的毕业季活动，是新冠肺炎疫情在全球肆虐的情况下进行的，在这个非常特殊的时期，难以与毕业生们聚集作近距离告别，全院教师心中充满了对毕业生的无限留恋和殷切牵挂。

2020年6月，我以《做一个知行合一的人》为题为毕业生作寄语，主要内容如下。知行合一，是指认识事物的道理与实践中运用此道理密不可分。从本质上认识和理解"知"与"行"之间的相互关系，在实践中实现"知"和"行"有机的结合和贯通，十分重要，这可以使二者互相促进、相互提升。尤为可贵的是，要切实做到知要真知、行要真行，真正实现知行合一。我勉励各位学子从五方面做到知行合一。一是勤于求知。要学习科学理论、学习业务知识、学习法律政策、学习岗位技能。在无垠的社会大课堂中，既要多读有字之书，也要多读无字之书，注重学习人生经验和各方面社会知识。二是敏于观察。努力做一个社会的"有心人"，敏于观察复杂多变、气象万千的社会世界，及时发现和捕捉社会涌现的新现象、新问题、新趋势，于细小之处见宏大，于表象之处见本质，于纷扰之处见秩序，于不公之处见良知。三是善于思考。应当善于思考，独立思考，唯实求真。要多做调查研究，探求客观规律，充分发挥社会学的想象力，在个人困扰和公共议题之间建立起有效的关联，通过智识增进理性，努力看清和把握时代变迁的方向和趋势。四是勇于实践。将学习到的社会学理论知识融入社会实践的大熔炉里方能百炼成钢，实现对个人和社会关系的通透性理解，真正做到深知、真知，并在学以致用上不断取得新成效。五是成于奋斗。不论身处顺境，还是逆境，都应净化灵魂、磨砺意志，不畏艰难、顽强拼搏，不怕挫折、前行不止，在奋斗中释放青春的绚丽和激情。坚持以"爱国、励志、求真、力行"为指引，把自己的理想同祖国的前途、把自己的人生同民族的命运紧密联系在一起，扎根人民，奉献国家。

7. 2021届毕业典礼

2021年6月27日，社会学院举行2021届毕业典礼。这一届毕业生共76人，其中本科毕业生33人，研究生43人（学术型硕士研究生20人，专业型硕士研究生23人）。校友嘉宾陈映彤，学院教师、2021届毕业生、2020届部分毕业生120余人参加了典礼。

在毕业典礼上，我以《做一个有创新精神的人》为题作寄语，主要内容如下。当今之中国，创新成为新时代的最强音，创新已作为国家全部战略的核心，新时代、新阶段、新理念、新格局，都呼唤着创新和创新精神。作为新时代的青年人更需要有创新精神。创新精神是一个人进行创新活动必须具备的精神状态，包括创新意识、创新兴趣、创新胆量、创新决心，以及相关的创新思维，是唤醒、激励和发挥人的潜能的最重要精神。创新精神是敢为人先的精神。应该敢字当头，奋勇争先，这样才能在全面建设社会主义现代化国家新征程上走在前面，大有作为。创新精神是开拓进取的精神。勇于开拓进取，才能一往无前，不断开辟新天地，不断取得新业绩。具备开拓进取精神，也才能在危机中发现新机遇。创新精神是知难而进的精神。面对困难，不回避、不畏缩，顽强拼搏，勇往直前。要学会在磨难中成长、在挑战中历练。创新精神是推陈出新的精神。面对新情况新问题，不能凭老办法办事，不能只在教科书中找答案，而是独立思考，开拓新思路、采取新办法，在破旧立新、推陈出新中创新实践活动。我勉励各位学子坚定理想信念、勇于责任担当、具有丰富知识、敢于创新实践、提升创新能力、培养坚强意志，不断树立创新精神，不负青春、不负韶华、不负梦想、不负未来！

2021年6月27日，魏礼群（第一排左九）与社会学院2021届毕业生合影。

社会学院2021届毕业生合影。

8. 新生寄语

2019年9月4日，我为社会学院入学新生寄语："欢迎各位同学成为北京师范大学社会学院这个温馨大家庭的新成员。来到这里，你们多彩人生筑起了重要的里程碑，也开启了美好的新征程！当今世界的大变局和新时代中国特色社会主义事业蓬勃发展，迫切需要大规模掌握社会学专业知识和技能的高素质人才。我希望同学们珍惜在校期间的宝贵时光，励志弘毅，自强不息，追求卓越，刻苦攻读，唯实求真，与时俱进，守正创新，锤炼品德修为，养成良好习惯，精诚团结合作，注重全面发展，为增强兴业报国的本事打好功底、奠定根基！衷心祝愿大家在校期间学有所成，身心健康，生活愉快！"

（二）研究生教育

2012年9月，中国社会管理研究院招收首届社会管理方向博士2名、公共管理硕士（MPA）15名学生入学。十年来，中社院不断优化研究生培养体系，坚持立德树人，培养高层次人才。

1. 举行新生入学教育座谈会

2021年10月14日，中国社会管理研究院/社会学院举办2021级研究生入学教育座谈会。会上，我代表学院向大家表示欢迎，并作了《坚守选择，励志成才，做一名优秀的社会学研究生》的主题报告，对新生提出殷切期盼：第一，坚守选择，热爱社会学专业。这是基于社会学的独特性质、功能作用、重要意义的认识；在于北师大社会学发展有着深厚的历史积淀，拥有悠久的红色基因，富有自己的鲜明特色；在于北师大社会学建设的明天会更好。第二，励志成才，每个人都要做优秀的社会学研究生。一是努力学做人，做到德智体美劳全面发展，全面提高自身整体素质；二是努力学做事，树立正确的做事态度，增强办事的本领，带着创新精神去学习、干事业；三是努力学做学问，勤于治学、善于治学。第三，积极努力，为研究生创造良好的学习生活环境。我列举了目前学院为同学们成长发展创造的相关条件，同时对下一步提升教育教学质量、加强学风建设、完善资助体系等内容进行了介绍。座谈会后，同学们表示会珍惜难得的机遇，珍惜难得的缘分，珍惜老师的期待，全方位提高综合素养和实践能力。

2021年10月14日，魏礼群在2021级研究生入学教育座谈会上发表讲话。

2. 举行博士生、博士后座谈会

博士生、博士后培养是学院的重要职能与任务。2020年12月17日，我主持召开北京师范大学中国社会管理研究院/社会学院博士生、博士后座谈会。这次座谈会旨在贯彻落实习近平总书记关于研究生教育工作的重要指示和全国研究生教育会议精神，进一步提高博士生、博士后教育培养质量。同时也希望听取大家对学习和研究工作的想法和感悟，及对学院和导师的诉求与愿望，鼓励并支持同学们努力成为优秀的社会学博士毕业生和社会学科研工作者。会上，6位来自不同年级、不同专业的博士生、博士后代表汇报了学习体验和学习思考。

2020年12月17日，魏礼群主持召开博士生、博士后座谈会并发表主题讲话。

2020年12月17日，博士生、博士后座谈会现场。

对于学生们关注的问题，我给予了认真回应，并以《努力做一名优秀的社会学博士研究生》为题发表讲话，通过四个"深刻认识"和五个"学会做到"，从宏观和具体层面对博士生、博士后培养方式和培养目标做出指导。我指出，博士生、博士后应深刻认识社会学的学科内涵和学科体系；深刻认识从事社会学研究的重要意义；深刻认识北师大社会学的历史传统与办学特点；深刻认识博士研究生阶段的重要性，在世界百年未有之大变局、在广泛而深刻的社会变革中抓住创新机遇，展现时代担当。我强调，博士生、博士后在学习和工作中应从五个方面做出努力：学会做人，实现德智体美劳全面发展，全面提高自身素质；学会求知，提升学习的能力，尽量获得广博知识；学会干事，努力提升解决实际问题的能力，增强就业创业的本领；学会创新，树立创新意识，增强创新欲望、创新能力，产生创新成果；学会写作，掌握好博士论文的基本功，提高写作论文和出站报告的水平。我希望大家珍惜在北师大中社院学习和工作的机会，善于学习、勤奋学习、刻苦学习，使自己思想境界有所提高、学识水平有所提高、科研能力有所提高、理论创新和实践创新

2013年4月28日，魏礼群院长作开学致辞。

2013年4月28日，魏礼群（第一排左六）与师生合影。第一排：赵秋雁（右六），尹栾玉（左四），李秀峰（左五）。

的能力有所提高，并与学院一起凝心聚力，为提高中社院博士生、博士后工作水平而共同努力。会后，我向博士生和博士后赠书并写下寄语。

（三）学术研究与实践活动

1. 实践交流活动

学院组织了丰富多彩的实践交流活动，以期实现社会在心、实践在行，使学生们广实践、拓视野、长才干。2015年12月20日，中国社会管理研究院/社会学院首届"学生学术季"活动总结表彰会议暨"寒假回乡调查"启动仪式成功举行。

2015年12月20日，首届"学生学术季"活动总结表彰会议暨"寒假回乡调查"启动仪式合影。第二排：中间魏礼群，左七傅昌波，左四赵秋雁，左六袁慧，右七刘夏蓓，右六朱红文，右五萧放，右二陈鹏，右三赵炜，右四朱霞。

2015年12月20日，魏礼群（左二）与赵秋雁（左一）、傅昌波（右二）共同为"寒假回乡调查"项目组授旗。

　　会上，我结合自身研究和工作经历，发表了题为《大力开展社会调查　多出智库精品成果》的讲话。我在讲话中指出，召开这次会议有三个重要目的：第一，表示中国社会管理研究院/社会学院领导对学术实践活动和社会实践活动，特别是社会调查活动给予高度重视和积极支持；第二，借此机会参与师生们的学术活动和社会调研活动，作一些体验交流；第三，动员全院师生共同为创办新型社会治理高端智库而拼搏奋斗。随后，我重点讲了四个方面问题，即为什么要开展社会调查，社会调查突出哪些方面问题，如何搞好社会调查，社会调研成果如何使用。我指出，大力开展社会调查是由中社院的定位、职能和使命所决定的，是深化教育改革培养全面发展人才的内在要求，是打造国家高端社会治理智库的重要举措，是推进一流学科建设的必然选择。社会调查，要围绕"十三五"时期经济社会发展和改革开放中的热点、难点问题，包括社会建设和社会变迁，社会改革和治理中的新情况、新问题和新生事物，要聚焦决策需求、聚焦人民关切、聚焦政策落地、聚焦学科建设。搞好社会调查需要抓好四个关键环节：一要精心选题；二要精心调查；三要精心研究；四要精心写作。此外，要注重调研成果的多样性和转化应用，让调研成果的作用充分发挥出来，价值充分体现出来，服务决策咨询，服务学术创新，服务智库建设，服务提升学科水平等。我宣布，为了鼓励和支持社会调查和产出高质量调研成果，学院建立了资助和奖励制度，对创新性、高质量研究成果给予奖励。凡在内部刊物发表决策咨询研究成果、在全国性重要报刊发表的科研成果，特别是省部级以上获奖的成果和受到省部级以上领导批示、应用于实际工作的优秀成果，给予后期资助或重奖。

　　此外，学院师生还参加了一系列实践交流活动。例如：2016年9月19日至26日，学院师生参加"中国大学生访日团"赴日本进行文化交流；2017年12月15日，学院举办"学生学术季"第三届京师研究生论坛；2018年7月，学院组织学生赴巴西参加第十八届国际人类学与民族学联合会大会；2018年7月1日至15日，学院学生赴英国卡迪夫大学参加暑期学校；2018年，在美国波士顿举行"BNU-UMASS"教育社会学暑期学校等。

2. 学科竞赛活动

学院鼓励支持学生参加各类学科竞赛活动，以赛促学、提升素养。2013级社会工作本科生林颖楠等撰写调研报告《乡土社会与市场经济的互嵌——基于福建东庄镇医疗产业同乡同业现象的实地调查》，荣获共青团中央、中国科协、教育部和全国学联、广东省人民政府共同主办第十四届"挑战杯"全国大学生课外学术科技作品竞赛特等奖，这是北京师范大学首次获得该类项目特等奖，指导教师赵炜教授获优秀指导教师奖。大赛前，我审改参赛调查研究报告；获奖后，我给林颖楠等同学回信。信中对4位同学的获奖表示祝贺，认为这一研究报告，是一个颇有价值、分量厚重的优秀研究成果。既有独特的学术创新价值，又有重要的决策咨询价值，对深入研究探索社会主义市场经济发展中的深层次课题，提供了难得的案例和实证。

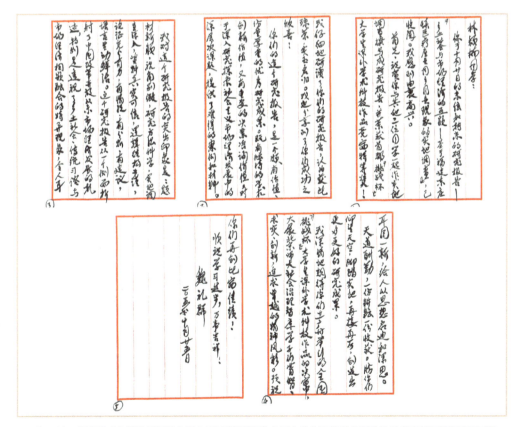

2015年10月，魏礼群对本科生林颖楠在第十四届"挑战杯"全国大学生课外学术科技作品竞赛获得特等奖的回信。

2015年11月，魏礼群（右四）会见第十四届"挑战杯"全国大学生课外学术科技作品竞赛特等奖获得者2013级本科生林颖楠团队主要成员。右三林颖楠，右二赵秋雁，右一王茁，左四赵炜，左三陈鹏，左一朱瑞。

魏礼群向林颖楠赠书。

林颖楠等同学的获奖证书。

之后，2014级社会工作专业本科生张梦吉等同学的作品《资源型村庄的权力结构及治理的变迁——基于对山西省T村历史的实证研究》，入围第十五届"挑战杯"全国大学生课外学术科技作品竞赛决赛，并从入围的1230件作品中斩获特等奖，指导教师为董磊明教授。该作品是北京高校中唯一获得特等奖殊荣的哲学社会科学类的作品，也是北师大、中社院历史上第二次获得"挑战杯"特等奖的作品。

魏礼群与荣获第十五届"挑战杯"全国大学生课外学术科技作品竞赛特等奖的社会学院2014级本科生张梦吉合影。

2017年11月18日，2014级社会工作专业本科生张梦吉等同学在第十五届"挑战杯"全国大学生课外学术科技作品竞赛中斩获特等奖。

张梦吉等同学的获奖证书。

为进一步鼓励教师和学生积极开展科学研究和咨政服务，学院设置了《北京师范大学中国社会管理研究院/社会学院绩效考核管理办法》《社会学院本科生奖学金加分细则》和《社会学院研究生奖学金积分计算办法（试行）》等制度，不断完善以品德、能力和贡献为导向的人才评价机制和激励政策，充分调动教师、学生等各类人才的积极性和创造性。

（四）桃李芬芳

自2015年社会学院成立以来，培养了6届社会工作和社会学专业的学生，包括本、硕、博在内将近400人，他们毕业后分布在全国各地，就业单位包括各级政府机关及事业单位、企业等，各届毕业生情况如下。

2016届毕业生共计53人，其中本科毕业生17人，研究生毕业生36人（学术型硕士研究生12人，专业型硕士研究生24人，含定向委培1人）。截至2016年12月31日，升学（国内升学/出国进修）14人，占26%；就业31人，占58%，其中政府机关及事业单位20人，企业（含国企）10人，自主创业1人；就业率85%。

2017届毕业生共计69人，其中本科毕业生30人，研究生毕业生39人（博士研究生1人，学术型硕士研究生10人，专业型硕士研究生28人）。截至2017年11月1日，升学（国内升学/出国进修）16人，占23%；就业53人，占77%，其中政府机关及事业单位23人，企业（含国企）13人，自主创业1人，灵活就业16人；就业率100%。

2018届毕业生共计53人，其中本科毕业生26人，研究生毕业生27人（学术型硕士研究生3人，专业型硕士研究生24人）。截至2018年6月20日，升学（国内升学/出国进修）19人，占36%；就业34人，占64%，其中政府机关及事业单位14人，企业（含国企）10人，灵活就业10人；就业率100%。

2019届毕业生共计70人，其中本科毕业生28人，研究生毕业生42人（博士研究生3人，学术型硕士研究生15人，专业型硕士研究生24人）。截至2019年11月15日，升学（国内升学/出国进修）25人，占36%；就业45人，占64%，其中政府机关及事业单位22人，企业（含国企）15人，灵活就业8人；就业率100%。

2020届毕业生共77人，其中本科毕业生27人（含香港籍2人），研究生毕业生50人［博士研究生3人（含延期2人），学术型硕士研究生23人（1月已毕业2人），专业型硕士研究生24人］。截至2020年9月27日，升学（国内升学/出国进修）26人，占34%；就业42人，占55%；就业率88%。

2021届毕业生共76人，其中本科毕业生33人，研究生毕业生43人［学术型硕士研究生20人，专业型硕士研究生23人（含非全日制4人）］。截至2021年6月18日，升学（国内升学/出国进修）26人，占34%；就业43人，占57%；就业率91%。

值得欣慰的是，近十年来，仅在北师大，我自己先后带领的博士研究生、博士后研究人员20余名，他们大多已成为我国社会建设、社会治理、公共行政管理等领域的学术带头人，或国家机关实际工作部门和大型企事业单位中的骨干，他们在各行各业发光发热，为党和国家事业作出贡献。

1. 博士生培养情况

在博士生培养上，我始终强调要有研究的兴趣、科学的精神，保持严谨治学的态度，掌握科学研究的基本规范，不断摸索科研技巧。我注重培养博士生发现问题、独立思考问题、研究问题的能力，鼓励他们全面发展，严于律己，提高自身素质，着力提升写作水平。我指导的博士生研究领域涉及社会治理、社区建设、公共服务、慈善事业、社会组织、政治学理论、公共政策、社会保障、老龄社会、县域社会治理、社会信用等领域，相关成果在《新华文摘》《中国行政管理》《行政管理改革》《中共中央党校（国家行政学院）学报》等知名学术期刊上发表；主笔或参与撰写的多篇咨政报告获得党和国家领导批示。

我严格要求每位博士生的学位论文质量，指导把关论文的主题选择、框架结构、研究内容和撰写等全过程，多篇学位论文得到答辩专家、评审专家的肯定和赞扬。

毕业后，他们分别就职于中共中央党校（国家行政学院）、民政部、中央纪委、北京师范大学、中国言实出版社等，并在各自岗位上刻苦奋进，取得了优异成绩，如荣获第三十一届中国新闻奖文字通讯与深度报道奖、《光明日报》智库版研究报告奖、国家行政学院"五四"演讲比赛一等奖等。

魏礼群（第一排中）与部分学生合影。第一排：右二冯俏彬，左二吕晓莉。后二排：左三蒲实，右一李芳，右四朱瑞，右五刘钢，右二李巧娟，右三李磊。

魏礼群（第一排左五）和夫人周贵芹（第一排左四）与部分学生合影。第一排：右一朱瑞，右二吴长军，左一李娣，右三冯俏彬，右四许多，左三蒲实，左二李巧娟。第二排：右一安森东，右二刘青松，左一刘磊，左二朱玉。

2. 博士后培养情况

我注重吸收和培养高素质、高水平的博士后人才，引导他们坚持问题导向和目标导向，紧紧围绕党和国家中心工作积极开展重大课题研究。在站期间，我合作的博士后研究领域，涵盖社会治理、社会建设、政治社会学、节庆礼仪、非物质文化遗产、社会心理服务体系建设、社会治理法治化、经济法、电子商务法、国家安全等领域，产出了一大批有价值和高质量科研和咨政成果。

目前，已出站博士后主要就职于中央国家机关、北京大学、北京师范大学、北京科技大学、国际关系学院、北京物资学院等高校。他们在工作岗位上勤勉敬业，认真履职，作出突出贡献。

三、团队建设

我在履职中，十分重视中国社会管理研究院作为新型社会智库和社会学院作为高校学科建设和人才培养实体的团队建设，按照两个不同机构的性质、功能，选拔、培养人才，建设强有力的团队。

经过几年的招聘、引进、吸收和院内培养，逐步建设了一支规模适当、结构合理、素质良好、创造力强的人才队伍，形成了"专职教师队伍""兼职教授""项目研究团队"由内向外的同心圆队伍。教职工由2011年中国社会管理研究院成立时的几个人，扩大到2022年包括专任教师、行政团队和博士后等在内的74人，人员规模不断增大，人才结构不断优化。为了加强新型智库建设，相继从中央国家机关聘用一些富有智库研究和管理能力的人才。聘请《求是》杂志社经济部原主任、编审李建军，国务院研究室机关党委原常务副书记、秘书司原司长鹿生伟，国务院研究室信息司原司长、研究员刘应杰等担任院领导工作或兼职教授，或协助管理工作。还由学校引进担任过国家机关司局级职务的高端人才做智库研究工作，包括原北京市委社会工委书记、市社会建设办主任宋贵伦，中国老龄协会副会长朱耀垠等；此外，还聘请英国社会科学院院士、牛津大学荣休教授Robert Walker任全职教授。建院初期，还采取公开招聘的方式，从全国范围引进优秀研究人才和教学人才。

北京师范大学中国社会管理研究院/社会学院定期举办全体教职工大会，这是学院领导成员作述职报告、各部门做工作总结、部署展望未来工作的重要方式和平台，我每次都在全院教职工会议上发表讲话，作为加强团队建设的重要契机。这里，撷取几次全体教职工会议上讲话片段，留作历史记忆。

（一）总结工作成绩，展望未来方向

2012年2月20日，中国社会管理研究院召开新学期第一次全体人员大会。我从五个方面提出要求：认清形势，增强紧迫感；全面履行职能，突出工作重点；坚持有特色，瞄准高水平；加强自身建设，注重提升素质；狠抓落实，注重实效。我希望充分认识研究院的使命，抓住机遇，发挥每位人员的聪明才智，使研究院工作一年上一个台阶，不辜负中央领导的期望，不辜负北京师范大学领导的期望，不辜负社会各界的期望！

2012年7月16日学期结束时，召开了中国社会管理研究院第二次全体人员会议。我从育人、科研、咨政、合作、自身建设五个方面总结了本学期的工作和取得的成绩。回顾总结工作，肯定成绩，找出不足。要求加强工作的预见性，争取工作的主动性，提高工作的实效性。要求全院教职员工抓学习、强素质，抓质量、创品牌，抓作风、重落实，抓院风、树形象；恪守"厚德、唯实、创新、卓越"院训，以奠定百年基石的创业精神，团结一致，不懈努力，勇于担当；坚持"高标准、高质量、高水平"和"有特色"，做好"育人、科研、咨政、合作"各项工作，进一步开创社会管理研究院发展的新局面。

2015年1月14日，我主持召开2014年度述职暨年终总结会并讲话。我指出，院全体教职工认真贯彻落实习近平总书记视察北师大的讲话精神，围绕把北京师范大学建成世界一流大学和把中国社会管理研究院建成一流智库的奋斗目标，凝心聚力，开拓创新，顽强拼搏，顺利完成了各项任务，有的方面取得了突破性进展，是"稳中求进的一年""辛勤耕耘的一年""成果丰硕的一年""令人振奋的一年"。同时，我们要认清存在的问题，找出差距和不足。面对新任务、新挑战，要认清形势、把握大势。应抓住党中央、国务院高度重视智库建设和社会上对社会治理需求的良好机遇，再接再厉，努力把中国社会管理研究院建设成为"具有中国特色、一流的社会治理智库"。我强调，为打造一流智库，要付出更大的力气和辛劳。全院师生要把握机遇，迎接挑战，明确定位，认清使命；坚持办高水平、有特色的智库；坚持改革创新，为中国社会管理研究院发展、智库建设注入活力；要加强自身建设，建设一流的团队；抓好专业业务学习，提高业务能力；爱岗敬业，履行职责；严守

2015年1月14日，魏礼群主持2014年度述职暨年终总结会并讲话。

纪律，甘于奉献。

2015年3月19日，我主持召开中国社会管理研究院/社会学院全体教职工会议。这是2015年3月15日北京师范大学社会学院成立、与中国社会管理研究院实行"一个实体、两块牌子"一体化建设后，召开的首次全体教职工大会。会上，我发表题为《明确功能定位 勇于改革创新 努力建设国家社会治理高端智库和社会学学术重镇》的讲话，指出要认清形势，抓住机遇，增强使命感责任感；把握定位，明确任务；突出特色，发挥优势；改革体制，创新模式；坚持高起点、高水平；实施人才强院战略，强化队伍建设；做到两手抓，两不误。坚持"一二三四五"。一是一个实体。二是两块牌子：一个是中国社会管理研究院，另一个是社会学院。三是三个结合：教学育人、科学研究、决策咨询三位一体。四是四大使命：推进学术创新和理论创新，加强学科建设，为完善和发展中国特色社会学作出贡献；提高教学质量和育人能力，培养社会领域专业人才，为我国社会建设和社会治理现代化提供人才支撑；围绕党和国家战略需求，开展科学研究和政策研究，承担社会服务；加强社会文化传承与创新，推动社会文明进步。五是五大原则：坚持正确的政治方向和学术方向；坚持尊重学科发展的内在规律；坚持理论与实际相结合；坚持创新治理体制机制；坚持彰显特色，实行"双轮驱动，两翼齐飞"，车之两轮双轮驱动，鸟之两翼双翼齐飞，处理好学院建设与智库建设的关系。我提出四点要求：统一思想、提高认识；转变观念、改革创新；形成良好院风、和谐相处；爱岗敬业、严守纪律。

2015年5月6日，我又主持了中国社会管理研究院/社会学院第二次全体教职工会议，强调要坚持科学建院、民主建院、依法建院的办院方针；勇于改革创新，积极探索高校新型智库建设之路；坚持高标准严要求，努力建设开放型高素质高水平的团队。

2015年3月19日，魏礼群主持召开中国社会管理研究院/社会学院第一次全体教职工会议并讲话。

2015年5月6日，魏礼群在中国社会管理研究院/社会学院第二次全体教职工会议上讲话。

2015年5月6日，魏礼群（第一排左七）与中国社会管理研究院/社会学院教职工合影。

在2016年1月14日召开的中社院院领导班子述职暨新春团拜会上，我充分肯定了2015年度学院工作取得的可喜成绩，也对2016年学院的重点工作进行了部署：第一，制定《中社院"十三五"规划》，做好顶层设计；第二，做好重大咨政课题研究；第三，加强学科建设，提高教学质量；第四，响应学校号召，组织开展交叉学科建设项目；第五，争取"中国社会管理创新研究信息库"上线运行；第六，

2016年1月14日，魏礼群主持中社院院领导班子及成员述职暨新春团拜会并讲话。

做好《当代中国社会大事典（1978—2015）》出版工作；第七，举办第六届中国社会治理论坛，做好中国社会管理研究院成立5周年总结工作；第八，搞好社会服务，打造高质量、高水平社会服务品牌；第九，全面提升对外形象，对外合作迈出更大步伐。我提出几点要求：第一，树立建设高端智库意识；第二，坚持改革创新精神；第三，全面提升队伍素质。

2017年1月13日，在中国社会管理研究院/社会学院全体教职工大会上，我在讲话中充分肯定了2016年度中社院工作，并对2017年度重点任务进行了部署：第一，深入学习贯彻全国高校思想政治工作会议精神；第二，注重做好决策咨询课题研究；第三，加强学科建设，提高教学质量；第四，实现"中国社会管理创新研究信

息库"上线运行；第五，继续做好《当代中国社会大事典（1978—2015）》出版工作；第六，进一步提升社会知名度和影响力；第七，加强社会服务工作，打造高质量、高水平社会服务品牌；第八，全面展示对外形象，对外合作迈出更大步伐。我也向全体教职工提了几点希望和要求，即要着力增强建设国家"双一流"意识，着力提升研究成果质量，着力推进改革创新，着力提高团队素质。

2018年1月12日，在中社院领导班子及成员述职暨学习党的十九大精神全体教职工大会上，我发表了以《新起点　新征程　再出发　再奋进》为题的总结讲话，充分肯定了2017年度中社院工作，即获得两大里程碑式重大进展：一是纳入国家高端智库培育试点单位组成部分；二是北京师范大学社会学一级学科博士点成功获批。我勉励大家，一定要再出发、再奋进。一是牢记使命，就是为坚持和发展中国特色社会主义，建设新型社会治理智库、建设新型社会学学科，为北京师范大学建设世界一流大学和一流学科作出不懈努力和贡献。二是明确目标，就是要致力建设"国家高端社会治理智库"和"一流社会学学术重镇"。三是基本方略，以中国特色社会主义理论体系为指导，学习践行习近平新时代中国特色社会主义思想，服务和推进理论创新、学术创新、实践创新。坚持双轮驱动，把智库建设和学科建设融为一体，协同推进，充分发挥跨学科、多学科优势，形成鲜明的智库、学科特色。四是重点任务，把决策咨询研究、理论创新、教学育人、社会服务、合作交流作为重点任务。五是重大举措，实施质量兴院战略、实施创新发展战略、实施协同并进战略、实施深化改革战略、实施全面开放战略。我向全体教职工提出，要坚定方向，保持定力；抓住机遇，用好机遇；团结奋斗，凝心聚力；从严治院，严于律己；提高素质，培育能力；以上率下，层层带头；创新文化，营造氛围。

2019年1月15日，在中社院领导班子和领导成员述职暨全院教职工大会上，魏礼群（左六）为优秀教职工颁发证书并合影。

2020年1月8日，我主持召开中社院领导班子及成员述职暨全院教职工大会，并发表了以《不忘初心　牢记使命　加快建设高质量新型智库和中国特色社会学学科》为题的总结讲话，充分肯定了2019年的成绩与进步，特别是全国高端智库理事会批准北京师范大学中国教育与社会发展研究院成为国家高端智库建设试点单位（中社院为两个重点组成单位之一），中社院新增社会学博士后流动站，形成了本科、硕士、博士到博士后的社会学全方位人才培养体系两大突出成果。同时指出，要坚持突出特色，推进高质量发展，继续促进智库建设与学科发展相协调，推进"两个轮子"一起转。最后，我提出要求：提高政治站位，统一思想认识；坚持全面深化改革，创新体制机制；培育优良院风，营造良好氛围等。

2021年3月5日，在中社院领导班子及成员述职暨全院教职工会议上，我发表了以《加快建设高质量新型智库和中国特色社会学学科》为题的总结讲话，充分估量2020年和"十三五"期间的成绩与进步。同时指出，2021年，要以习近平新时代中国特色社会主义思想为指导，在学校党委领导下，继续做好决策咨询和科研工作、加强学科建设和人才培养工作、努力推进社会服务工作、举办第十一届中国社会治理论坛、做好中国社会管理研究院成立10周年纪念活动、拓展对外交流合作、全面加强内部建设等各项任务。最后，提出要求：提高政治站位，统一思想认识；改革迈出新步伐，进一步创新体制机制；坚持勤练内功，提升团队素质；培育优良院风，营造良好氛围。

（二）深入学习党中央重要会议和中央领导讲话精神

中国社会管理研究院/社会学院多次举办座谈会、研讨会，深入学习贯彻党中央重要会议和指示精神。2014年9月11日，我带领全院教师参观了"尊师重教、筑梦未来——庆祝第三十个教师节主题展"，并主持召开了"学习贯彻习近平总书记重要讲话精神——加快建设一流社会治理智库"师生座谈会。会上，希望全院师生都要从政治上、从全局上、从战略上充分认识习近平总书记在北师大视察工作并发表重要讲话的重大意义和主要精神。要以传达、学习、贯彻习近平总书记重要讲话精神为动力，在育人、科研、咨政、合作各方面继续努力，争做党和

2014年9月11日，魏礼群参观"尊师重教、筑梦未来——庆祝第三十个教师节主题展"。

2014年9月11日，参观"尊师重教、筑梦未来——庆祝第三十个教师节主题展"后师生合影。

人民满意的好老师，按学校的要求，创办有特色高水平一流社会治理智库，使中国社会管理研究院不断发展壮大，每个人在事业发展中更好实现人生价值。

我曾两次邀请中央宣讲团成员、著名经济学家、国家发改委宏观经济研究院原常务副院长、中社院咨询委员会委员林兆木，就深入学习贯彻党的十八届五中全会精神、党的十九大精神作专题辅导报告，我也分别在两次会议上总结发言。在2015年12月1日举行的"学习贯彻党的十八届五中全会精神报告会"上，我向全院教职工提出四点要求。第一，提高认识，明确意义。《中共中央关于制定"十三五"规划的建议》（以下简称《建议》），是我们党今后一个时期指导国家发展的重要纲领性文件，描绘了到2020年第一个百年奋斗目标的宏伟蓝图，是我们全党全社会共同的行动纲领，我们一定要高度重视，认真学习。第二，突出重点，吃透精神。《建议》内容十分丰富，涉及方方面面，一定要把握重点和基本精神。一是从历史方位看，这是全面建成小康社会的决胜时期，是推进"四个全面"战略布局的关键时期，是国家跨越中等收入阶段的重要时期；二是深刻领会与时俱进提出的新目标要求；三是准确把握创新发展、协调发展、绿色发展、开放发展、共享发展五大理念，这是《建议》的突出亮点，也是党的思想理论的升华。第三，联系实际，注重实效。要密切联系学院发展和个人工作，深入理解《建议》中的新思想、新观点、新任务、新举措、新要求，结合工作和学习实际贯彻落实。第四，学以致用，贵在行动。要体现在我们智库建设上，体现在我们的学科建设上，体现在我们全院的自身建设上，认清使命，敢于担当，做好工作。我勉励大家，抓住机遇，奋发进取，为实现我们国家"两个一百年"的奋斗目标，为把中社院建成国家社会治理高端智库和一流社会学学术重镇，积极奋斗。

2018年1月12日，我主持中社院"深入学习和贯彻党的十九大精神辅导报告"大会。我在讲话中强调，学习十九大报告是我们党和国家当前一个首要的政治任务，希望全体教职工学深悟透习近平新时代中国特色社会主义思想，并将其作为建设国家高端社会治理智库和一流社会学学术重镇的强大理论武器。方向明才能道路清，定力稳才能更自信。要坚持和发展中国特色社会主义方向，始终保持政治定力、战略定力、实干定力，切实增强政治意识、大局意识、核心意识、看齐意识、特色意识、智库意识。

2018年1月12日，魏礼群（左）与国家发改委宏观经济研究院原常务副院长林兆木在中社院举办的"深入学习和贯彻党的十九大精神辅导报告"大会上。

2019年11月9日，北京师范大学中国社会管理研究院和北京师范大学互联网发展研究院联合主办"学习贯彻党的十九届四中全会精神 推进社会治理现代化研讨会"。此次会议深入学习贯彻党的十九届四中全会新思想新部署新要求，加强和创新社会治理，推进国家治理和社会治理现代化，为实现国家长治久安和中华民族伟大复兴的中国梦建言献策。我在会上指出，党的十九届四中全会在科学总结以往理论创新和实践经验的基础上，全面把握坚持和发展中国特色社会主义制度的基本要求，深刻认识中国特色社会治理现代化建设的特点和规律，与时俱进地丰富了社会治理现代化的内涵，作出了许多新决策新部署，特别是在社会治理制度、社会治理体系、社会治理新境界方面，提出了重大创新性要求，为我们加强和创新社会治理、推进社会治理现代化、提高社会治理效能和水平提供了行动遵循。我们要以学习贯彻党的十九届四中全会精神为动力，更好深入研究推进社会治理现代化的问题，争取产出更多有价值、高质量的智库研究成果，为坚持和完善中国特色社会主义制度、推进国家治理体系和治理能力现代化作出应有的贡献。

2019年11月9日，魏礼群主持"学习贯彻党的十九届四中全会精神　推进社会治理现代化研讨会"并发表讲话。

2021年7月7日，北京师范大学中国社会管理研究院/社会学院举行全体教职工大会，学习习近平总书记在庆祝中国共产党成立100周年大会上的讲话。我指出，习近平总书记的重要讲话，是在中国共产党百年华诞的重要时刻和"两个一百年"历史交汇的关键节点，回望光辉历史、擘画光明未来，是一篇马克思主义纲领性文献，是新时代中国共产党人不忘初心、牢记使命的政治宣言，是我们党团结带领人民以史为鉴、开创未来的行动指南。要深入领会和把握习近平总书记讲话的重要思想、重要观点、重大

2021年7月7日，中国社会管理研究院/社会学院教职工大会现场。

论断，尤其是以下十个方面：一是深刻认识和把握在中华大地上全面建成了小康社会、实现中华民族伟大复兴进入了不可逆转的历史进程的重要论断；二是深刻认识和把握伟大的建党精神；三是深刻认识和把握中国共产党一百年来的主题是实现中华民族伟大复兴；四是深刻认识和把握马克思主义与中国实际相结合、同中华优秀传统文化相结合的新论断；五是深刻认识和把握以人民为中心、"发展全过程民主"的新论述；六是深刻认识和把握创造了中国式现代化新道路、创造了人类文明新形态的重大思想；七是深刻认识和把握不断推动构建人类命运共同体的新思想新观点；八是深刻认识和把握敢于斗争、善于斗争的重要论述；九是深刻认识和把握新时代中国共产党不断推进党的建设新的伟大工程；十是深刻认识和把握中国共产党带领中国人民又踏上了实现第二个百年奋斗目标新的赶考之路的重要思想观点和论断。共产党员要响应习近平总书记发出的伟大号召：牢记初心使命，坚定理想信念，践行党的宗旨，继续为实现人民对美好生活的向往不懈努力，努力为党和人民争取更大光荣。

中国社会管理研究院/社会学院是个温暖的大家庭，开展过多次丰富多彩的集体活动。2013年1月23日新春联欢会上，我和全院教职工欢聚一堂，共同迎接新年的到来，并发表新春致辞，在辞旧岁迎新春之际，向大家致以节日的祝福和良好的祝愿。为更好地体现院工会对大家的关怀，营造轻松愉快的交流氛围，自2020年10月起，学院定期为相近月份的老师集中举办生日会。我参加了2021年12月的生日会，会上我和老师们品尝分享蛋糕，十分愉悦。

2021年12月22日，魏礼群参加中社院举办的生日会。

2021年12月22日，魏礼群（第一排左四）参加生日会并与教职工合影。左三刘逸帆，左二贺少雅，右五赵秋雁，右六周群英，右四赵雯，右三党生翠，右二胡静。

四、制度建设

　　制度建设是建院治院的根本。我始终从中社院的实际情况出发，重视建立健全院的规章制度，以制度建院、治院。多年来，不断加强中国社会管理研究院/社会学学院制度建设，不断推进制度创新和管理创新，不断加大制度支撑保障力度。包括建立和实施议事制度、会议制度、工作制度、行政制度、咨政科研制度、人才培养制度、党建制度等30余项制度。

　　议事制度。其中有《党政联席会议实施细则》《总支部委员会会议议事规则（试行）》《"三重一大"决策制度实施细则》等。健全集体领导、党政分工合作、协调运行的工作机制，推进决策民主化、科学化、规范化。这批细则、规则明确了议事决策范围、议事决策原则和程序、议定事项执行与监督等内容。

　　内设机构制度。其中有《咨询委员会工作制度》《学术委员会工作制度》《智库建设委员会工作制度》等。例如，《咨询委员会工作制度》于2015年11月发布，该制度明确了咨询委员会成员的聘任、咨询委员会工作和会议制度、附则等内容，旨在推进院咨询委员会工作制度化、规范化和程序化，建设国家社会治理高端智库和社会学学术重镇。《学术委员会工作制度》明确了学术委员会成员的资格、权利、义务，全体会议，通讯表决等内容，旨在完善内部治理结构，保障院学术委员会在学术事务中有效发挥作用。

　　行政制度。其中有《人才遴选引进管理办法实施细则（试行）》《社会学博士后科研流动站管理办法》《职称评聘管理办法（试行）》《教学科研岗位晋升实施细则》《年度考核管理办法》《行政管理工作若干规定（试行）》《财务运行管理办法》《内部机构管理实施细则》《信息公开实施办法》《采购限额标准以下项目的采购实施细则》等。例如，《社会学博士后科研流动站管理办法》明确了管理体制、博士后招收、博士后在站管理、博士后出站等内容，旨在加强中国社会管理研究院/社会学院社会学博士后科研流动站建设，规范博士后管理工作。

　　咨政科研制度。其中有《咨政科研项目管理办法》《"智库选题"项目管理办法（试行）》《学术会议管理办法》《〈社会治理研究与建议〉管理办法》等。例如，《咨政科研项目管理办法》于2015年12月发布，明确了项目分类、项目申请、项目立项与经费管理、项目实施管理、项目鉴定结项、项目成果管理、项目档案管理和附则等内容。旨在落实科学建院、民主建院、依法建院的办院方针，进一步提高咨政科研管理水平，保护知识产权，实现咨政科研管理的制度化、规范化，推进国家社会治理高端智库和社会学学术重镇建设。又如，内刊《〈社会治理研究与建议〉管理办法》于2016年12月发布。这是为了贯彻落实中办、国办印发《关于加强中国特色新型智库建设的意见》、教育部《中国特色新型高校智库建设推进计划》，紧紧围绕学院建设国家社会治理高端智库和社会学学术重镇的目标，鼓励多出有价值、高质量研究成果，更好地服务党和政府科学决策而制定的。该管理办法明确了文稿要求、文稿审定和报送、激励制度等内容。

人才培养制度。其中有《研究生导师资格与招生管理办法》《听课与教学巡视规定》《本科生推荐免试研究生工作安排》《本科生考核评比暂行办法（试行）》《本科生奖学金加分细则（试行）》《研究生奖学金积分计算方法（试行）》《学生志愿服务说明（试行）》等，旨在提高人才培养质量，促进咨政科研发展。

党建制度。其中有《理论学习中心组学习实施办法》《党建工作长效制度》《落实意识形态工作责任制实施细则》《学生党支部对接工作实施细则》等。例如，《党建工作长效制度》，旨在贯彻中央关于党要管党、从严治党的要求，开展严肃认真的党内政治生活，增强中社院党组织的生机活力，充分发挥政治核心作用和保证监督作用以及党员的先锋模范作用。该制度明确了中社院党组织主要职责，落实主体责任、监督责任规定，加强思想政治工作，"三会一课"制度，党员领导干部民主生活会，民主评议党员制度等十一条内容。

第四章

开放办院

建设新型社会治理智库和建设高水平社会学学科，都需要实行开门办院、开放办院。十年来，我高度重视拓展与国内外相关机构和单位的合作交流，积极利用校外资源和平台，努力提高智库建设和学科建设的水平。

一、国内合作

十年来，我们先后与中共中央党校（国家行政学院）、国家发改委、民政部、国务院研究室、中国社会科学院、共青团中央等中央国家机关部委，与北京、上海、广东广州、深圳、江苏宿迁、浙江诸暨和嘉善、山东青岛、贵州贵阳等地方，与清华大学、北京大学、中国人民大学等高校、科研机构，以及中国关心下一代工作委员会、中国社会工作联合会、中国行政体制改革研究会、中国西部人才开发基金会等社会组织，联合开展了多项咨政、科研、培训、育人工作。

2011年10月13日，中国社会管理研究院成立不久，就与山东省淄博市开展合作研究科学发展中社会管理创新的课题，我会见了淄博市领导，一同出席了中国社会管理研究院与淄博市人民政府战略合作签约仪式。2013年12月，研究课题圆满完成任务，并顺利结项。

2011年9月5日至6日，中国社会管理研究院与四川省德阳市合作举办"社会管理创新社区建设专题培训班"，深入研讨汶川地震灾后重建问题，德阳市领导及受训学员都对此次培训给予高度评价。2011年11月19日，四川省德阳市主要领导到访北京师范大学中国社会管理研究院，我进行了会见，并一同出席中国社会管理研究院与德阳市人民政府的战略合作签约仪式。

中国关心下一代工作委员

2013年12月11日，魏礼群（右）出席中国社会管理研究院与淄博市政府社会管理创新课题结项研讨会，并为淄博市副市长张庆盈赠书。

2011年11月19日，魏礼群（第二排左八）出席中国社会管理研究院与德阳市人民政府合作协议签署仪式，赵秋雁（签字者右）代表中国社会管理研究院签字。

会是以关心、教育、培养青少年健康成长为目的的群众性组织，是党和政府联系青少年的桥梁和纽带。2011年12月30日，第十届全国人大常委会副委员长、中国关心下一代工作委员会主任顾秀莲专程到访北京师范大学中国社会管理研究院，与我会商"关心教育下一代和创新社会管理"培训等有关工作。商定由北京师范大学中国社会管理研究院承办"关心教育下一代和创新社会管理"培训工作。

2011年12月30日，魏礼群（左二）与顾秀莲（中）在北京师范大学中国社会管理研究院合影。右二赵秋雁，左一方彬。

　　校、地合作是学校与地方共同发展的新模式，可以促进学校和地方的密切联系，共赢发展。2012年12月4日，河北省肃宁县委负责人到访北京师范大学中国社会管理研究院，我进行了会见，并一同出席了中国社会管理研究院与河北省肃宁县委县政府战略合作协议签署仪式，北京师范大学副校长曹卫东出席。该县是全国社会管理创新综合试点之一，也是中国社会管理研究院定期跟踪研究对象之一。

2012年12月4日，魏礼群（右八）出席中国社会管理研究院与肃宁县人民政府合作协议签署仪式。

　　为了推动区域教育均衡发展，中国社会管理研究院与新疆师范大学社会管理研究院开展合作研究项目。2013年5月25日，我会见新疆维吾尔自治区文联名誉主席、新疆师范大学社会管理研究院院长刘宾一行，并签署了合作协议。

　　2014年11月14日，我受贵州省贵阳市委市政府邀请，出席了"创新社会治理，

2013年5月25日，魏礼群（右）与刘宾交谈。

2013年5月25日，周作宇（左六）和赵秋雁（左七）出席新疆师范大学交流座谈会并签署战略合作协议。

加强社会建设"2014（贵阳）年会，并发表主旨演讲；会后，我应邀为贵阳干部作加强和创新社会治理的专题报告。年会由北京师范大学中国社会管理研究院、国家创新与发展战略研究会、中国中共党史学会指导，北京社工委、广东社工委、上海社工委等8家单位发起，贵阳市委市政府主办，会议主题是学习贯彻党的十八届四中全会精神，创新社会治理，加强社会建设。

会议期间，我与中共贵州省委书记赵克志会见，并进行了交谈。

2015年1月28日，我受中央党校原常务副校长、国家创新与发展战略研究会会长郑必坚邀请，访问了国家创新与发展战略研究会，我与郑必坚会长就新型智库建设、加强合作交流等交换了意

2014年11月14日，魏礼群（左）与贵州省委书记赵克志交谈。

2015年1月28日，郑必坚会长向魏礼群（左）介绍情况。

见。时任中共北京市委社工委书记、社会办主任宋贵伦，北京师范大学中国社会管理研究院直属支部书记兼副院长赵秋雁，中国行政体制改革研究会秘书长王满传等一同参加调研。

中国金融租赁有限公司是经国务院同意，国务院银行业监督管理机构批准，由天津新金融投资有限责任公司100%控股的金融租赁公司。经过我与公司负责人沟通、协商，中国金融租赁有限公司履行企业社会责任，决定向北京师范大学中国社会管理研究院捐赠资金用于智库建设、学科建设、人才培养。2015年4月24日，北京师范大学与中国金融租赁有限公司捐赠协议签署仪式举行，我出席签字仪式。中国金融租赁有限公司董事长李波、董事李金芳等出席，常务副总经理张文强主持仪式，学校党委领导、校长办公室主任等、中国社会管理研究院领导成员一起参加。

2015年，按照习近平总书记的重要指示，上海通过实践落实和检验"1+6"文件的成果。"五角场街道社区文化中心"属于"6"中心中的一个，还包括社区卫生中心、社区事务中心等。通过该中心的设立，社区里的居民，特别是老人、小孩在

这里能够参与形式丰富的文化娱乐活动，更好体验和收获幸福感以及对社区的归属和认同。2015年12月5日，受中共上海市社会工作委员会的邀请，我考察了上海杨浦区五角场街道文化中心，并与中共上海市委社会工委书记孙甘霖、副书记袁建国等座谈。围绕我国社会建设和社会治理创新面临的重点、热点

2015年12月5日，魏礼群（右二）考察上海杨浦区五角场街道文化中心。

和难点问题，以及上海正在制定的社会治理"十三五"专项规划等工作深入交换了意见。赵秋雁、赵孟营、陈鹏等参加调研和座谈。

2018年6月，深圳企业家胡成娟女士向我提出愿意做些公益捐赠。在我的引荐下，2018年10月，在北京师范大学教育基金会下设立"北京师范大学中国社会管理研究院/社会学院胡成娟励学基金"，首笔资金为20万元，基金宗旨是为了支持北京师范大学中国社会管理研究院/社会学院家庭贫困学生。2019年、2020年、2021年顺利完成基金评选使用工作，取得了良好的效果。

2018年，是毛泽东同志批示推广"枫桥经验"55周年。2018年6月11日，由浙江省诸暨市人民政府和北京师范大学中国教育与社会发展研究院主办，诸暨市社会科学界联合会和诸暨市"枫桥经验"发展研究中心承办的"乡村振兴与社会治理"研讨会在诸暨市举行，我参加会议并发表了主旨演讲。论坛围绕"乡村振兴与社会治理"主题，聚焦实施乡村振兴战略中乡村社会治理的理论和实践问题，深入学习和研究"枫桥经验"，探讨推进新时代乡村社会治理现代化路径，对深入贯彻习近平新时代中国特色社会主义思想，加强和创新乡村社会治理，助推农村全面振兴具有重要意义。这次与地方政府联合举办的活动，收到了良好社会效果。

中国社会治理研究会是2015年2月由民政部批复成立并主管的全国性社会团体，也是中宣部全国社科办重点联系的全国性学术团体，为推动中国社会治理现代化提供智力服务。2020年11月19日，中国社会治理研究会会长、民政部政策研究中心主任王杰秀到中国社会管理研究院访问。我与王杰秀会长商谈了加强社会治理研究合作事宜。北京师范大学互联网发展研究院院长李韬等参加。

江苏秀强玻璃工艺股份有限公司是中国著名的玻璃深加工制造企业，该企业的孝善文化建设很有成效，在助推基层社会治理方面积累了经验。该公司董事长卢秀强到学校当面向我介绍企业孝善文化建设的做法，并提出与北京师范大学中国社会管理研究院合作开展"孝善文化与幸福社会：社会治理体系与模式研究"课题。我欣然同意，并由谢琼教授牵头组织课题组研究。经过一年多调查研究，形成了一些

重要成果，取得了良好成效。在此基础上，双方商定，江苏秀强玻璃工艺股份有限公司作为北京师范大学社会治理智库的调研基地。2021年4月8日，我前往江苏省宿迁市与宿迁市委书记、市人大常委会主任王昊，共同为北京师范大学社会治理调研基地揭牌。揭牌仪式由宿迁市委常委、宣传部长光华主持，江苏秀强玻璃工艺股份有限公司董事长卢秀强致辞；中国社会管理研究院民生研究中心主任、课题组组长谢琼教授讲话。参加活动的还有北

2021年4月8日，魏礼群（右）与江苏省宿迁市委书记、市人大常委会主任王昊共同为北京师范大学社会治理智库调研基地揭牌。

京师范大学中国社会管理研究院尹栾玉、朱瑞、王焱等。

二、国际交流

我在担任北京师范大学中国社会管理研究院和社会学院"两院"院长期间，实行对外开放办院，多方开展国际合作。包括与英国、法国、美国、澳大利亚、俄罗斯、新加坡、日本、韩国等国家和地区的智库机构、高校、科研机构的交流和合作，不断增强和扩大中社院的国际影响力。2011年5月，联合国开发计划署作为合作单位共同协办了中国社会管理研究院成立大会暨首届中国社会管理论坛；连续多次举办中英、中法双边国际学术会议；与英国伦敦大学亚非学院、牛津大学摄政学院全球发展与展望研究院举办4届中英社会治理现代化研讨会；与澳大利亚南澳大学、韩国延世大学等机构签署咨政科研合作协议；选派教师进行访学，参加国际学术会议；遴选学生赴英国卡迪夫大学参加暑期学校（Summer School）等。

联合国开发计划署与中国政府一直保持交流与合作。2011年3月17日，我会见了联合国驻中国协调代表兼联合国开发计划署常驻代表罗黛琳一行。双方回顾了中国政府与联合国开发计划署的合作情况。会谈中，我系统阐述了加强和创新社会管理在中国发展中的重大意义和"十二五"期间的战略部署，还介绍了中国社会管理研究院的成立背景、主要职能、研究领域和国际合作方向。

2011年3月17日，魏礼群（右一）会见联合国开发计划署代表罗黛琳女士（左一）。

与亚洲行政学会（ASPA）、韩国延世大学开展国际合作。2015年1月7日，亚洲行政学会（ASPA）主席金判锡来访，我与金判锡进行了会见。会谈期间，达成中国社会管理研究院与韩国延世大学合作开展"中韩社会治理现代化比较研究"。之后，北京师范大学中国社会管理研究院代表团访问韩国延世大学并与韩国延世大学签署了合作协议。

还与法国图卢兹大学建立合作关系。2015年3月4日，我会见了来访的法国图卢兹大学资深教授吉尔伯特（Gilbert de Terssac）一行，商谈了在两校框架性合作协议基础上落实好联合课题研究、教师互访、学生互换等合作计划。

魏礼群（左）向法国图卢兹大学资深教授吉尔伯特（Gilbert de Terssac）赠书。

2015年3月4日，魏礼群（左四）会见法国图卢兹大学资深教授吉尔伯特（Gilbert de Terssac）。

2015年9月16日至17日，首届中英社会治理现代化研讨会在北京师范大学举行。研讨会由北京师范大学中国社会管理研究院/社会学院和英国伦敦大学亚非学院中国研究院共同举办，研讨中英社会治理和社会建设中的理论和实践问题。北京师范大学副校长周作宇、伦敦大学亚非学院中国研究院院长米歇尔·贺麦晓在开幕式上致辞,我在开幕式上发表了主旨演讲。

为了落实北京师范大学和法国图卢兹二大两校框架性合作协议,2015年10月18日至19日,"社会变迁和社会治理的理论和实践:中国和法国"研讨会在北京师范大学举行。研讨会由北京师范大学中国社会管理研究院/社会学院、法国图卢兹大学联盟和法国图卢兹二大共同举办,研讨中国和法国社会变迁和社会治理中的理论和实践问题。我会见嘉宾并致辞,北京师范大学副校长周作宇、法国图卢兹大学联盟校长Laurent Grosclaude教授、法国图卢兹二大副校长Jean marc Olivier教授致辞。

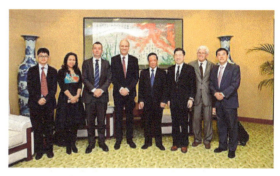

2015年10月18日,魏礼群(右四)和周作宇(右三)会见与会嘉宾。左二起赵秋雁,右一朱红文。

布鲁金斯学会(Brookings Institution),作为美国著名智库之一,是一家研究公共政策的非营利组织。其宗旨是开展高质量的独立研究,并据此提出具有创新精神和实用性的政策建议。2016年3月22日,我应邀出席美国布鲁金斯学会成立100周年暨约翰·桑顿中国中心与清华-布鲁金斯公共政策研究中心10周年纪念活动晚宴,并与美国布鲁金斯学会中国理事会联合主席约翰·桑顿交谈。

2016年3月22日,魏礼群(左一)与约翰·桑顿(中)在晚宴上交谈。右一赵秋雁。

为了进一步加强北京师范大学和英国伦敦大学合作,2016年10月18日,我会见了来访的英国驻华使馆政务处公使衔参赞韩瑞芬(Kate Harrisson)、一等秘书何乐山(Stefan Kirchner)、官员陶丽娜。伦敦大学亚非学院中国研究院刘婕玉副院长,国务院研究室社会司司长乔尚奎、处长孙慧峰参加,商谈中英社会治理领域学术研究合作事宜。

伦敦大学亚非学院与北京师范大学中国社会管理研究院共同举办的首届中英社会治理现代化研讨会,产生了良好的学术影响和社会效果。为了进一步加强合作,2016年10月28日,伦敦大学亚非学院中国研究院副院

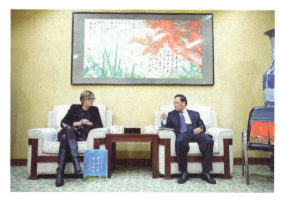

2016年10月18日,魏礼群(右)会见英国驻华使馆政务处公使衔参赞韩瑞芬(Kate Harrisson)。

长刘婕玉来访，我邀请时任中国社会科学院副院长、中国社会管理研究院首席专家李培林，中央民族大学民族学与社会学学院院长麻国庆一同会见，商谈智库建设工作。

按照北京师范大学和伦敦大学达成的协议，中方和英方轮流举办研讨会。2017年9月18日至19日，北京师范大学中国社会管理研究院和英国伦敦大学亚非学院中国研究院共同举办的第二届中英社会治理现代化研讨会在伦敦举行，我出席会议并发表主旨演讲。中国社会管理研究院教授赵秋雁、尹栾玉、尉建文，副教授陈鹏、游祥斌、谢琼、党生翠，讲师王海侠参会并发表演讲。期间，还达成了《社会治理》与《中国季刊》（*The China Quarterly*）（SSCI）持续交流合作的意向。这次研讨会是在中英关系打造"黄金时代"，两国人文交流大发展的背景下举办的，对促进以习近平同志为核心的党中央治国理政新理念、新思想、新战略的国际交流具有重要意义，同时，也是推动中英人文交流的重要举措。

为了进一步巩固北京师范大学和伦敦大学合作成果，2018年3月28日，由北京师范大学中国教育与社会发展研究院主办、中国社会管理研究院承办的第三届中英社会治理现代化研讨会在北京师范大学举办。我出席会议并发表主旨演讲。来自中国、英国两国的高校、科研机构、智库和政府机构50余位专家学者集中研讨了"习近平全球社会治理思想""创新社会治理体制机制""医疗公共服务与社会治理创新""传承历史文化与当代中国社会治理""大数据推动社会治理智能化""建设教育强国与创新社会治理"等社会治理理论和实践问题，取得了圆满成功和丰硕成果，为中英人文交流合作注入了活力与能量。

北京师范大学社会学院与台湾东华大学人文社会科学学院一直保持良好的合作基础。2018年5月8日，台湾东华大学人文社会科学学院院长王鸿浚前来中国社会管理研究院调研，我主持会议。会议根据两院合作协议商谈了教师互访、学生互换、合作推动"百村社会治理调查"等有关工作。学院党总支书记兼副院长赵秋雁、院长助理赵炜、人类学与民俗学系主任萧放、教授朱霞参加会议。

2019年9月23日至24日，北京师范大学中国社会管理研究院/社会学院和牛津大学摄政学院全球发展与展望研究院共同举办的第四届中英社会治理现代化研讨会在牛津举

2018年5月8日，魏礼群（右三）会见台湾东华大学人文社会科学学院院长王鸿浚（左三）。右一赵秋雁，右二萧放，左一赵炜，左二朱霞。

行；我出席会议并发表主旨演讲。研讨会主题是"教育与社会治理现代化"，来自中英两国的高校、科研机构、智库和政府机构70余位专家学者研讨了老龄化社会治理、教育改革和社会发展、乡村振兴和社会治理、产教融合与城市治理等社会治理理论和实践问题，是一次富有建设性、创造性、高质量、高水平的学术交流盛会。

英国卡迪夫大学社会科学学院 Ralph Fever 教授，是北京师范大学通过国家外国专家局的"高端类"外专项目聘请的高端外专，承担北京师范大学中国社会管理研究院/社会学院研究生全英文系列课程"社会学原著选读"的教学工作。2019年10月28日，我同Ralph Fever教授就国际合作、智库建设等问题进行了深入交流。

魏礼群（左二）与Ralph Fever 教授（右一）交谈。右二赵炜。

Vincent Simoulin教授是法国图卢兹大学副校长。为了落实北京师范大学和法国图卢兹二大两校框架性合作协议，Vincent Simoulin教授作为国家外国专家局的"高端类"外专项目的高端外专引入北京师范大学工作。2019年11月4日，我会见了Vincent Simoulin教授，在双方良好合作的基础上达成进一步加强合作意向。北京师范大学中国社会管理研究院/社会学院党总支书记兼副院长赵秋雁、院长助理赵炜参加会见。

2019年11月4日，魏礼群（左二）会见Vincent Simoulin教授（右二）。左一赵秋雁，右一赵炜。

三、社会服务

社会服务是高等院校的重要职能。我非常重视这方面工作。院内设立了社会服务办公室，由胡静主任负责组织。十年来，中社院共承担中央部委、地方和群团机构相关培训20余项，70余班次。合作承办中央国家机关部委的社会建设和社会管理培训班，中央机关司局级干部选学班和专题班"危机决策与公共沟通""社会治理创新与实践探索"，以及文化部、教育部中国非遗传承人青年研习培训案例"传统节日仪式研讨班"等。打造了品牌项目"面向西部　智力扶贫——彩烛工程"，"承先启后　立德树人"——关工委培训。"彩烛工程"由中社院联合中国西部人才开发基金会、国家开发银行发起实施，自2012年以来举办近30期，中小学校长、乡村教师等受益人群近3万人。关工委培训由中社院与中国关心下一代工作委员会、中国行政体制改革研究会、巨人教育集团合作，培训"五老"人员覆盖20余省区市和多个副省级城市。

（一）合作举办北京市工商系统培训班

政府部门自觉主动、积极有为地参与推动社会管理创新，处理好政府、市场、社会的关系，处理好管理和服务的关系，不仅是社会管理创新方式之举，也是加强社会管理治本之策。2012年，北京市工商局致力于参与推动社会管理创新和探索，对如何以社会管理创新为抓手，推动工商监管理念和履职方式转变做了有益的尝试。受北京市工商局委托，2012年8月16日至18日，北京师范大学中国社会管理研究院与北京市工商行政管理局、中国行政体制改革研究会合作举办"北京市工商系统参与推动社会管理创新培训班"，300余名干部参加培训。我出席开班仪式并讲话。培训采取专家授课、学员讨论、实际操作等方式进行。学员表示，培训组织有序，教学严谨，形式新颖，受益匪浅。

（二）承办全国关工委系统干部培训班

中国关心下一代工作委员会是以关心、教育、培养青少年健康成长为目的的群众性工作组织，是党和政府联系青少年的桥梁和纽带。受关工委委托，2013年4月22日，北京师范大学中国社会管理研究院与中国行政体制改革研究会、中国关心下一代工作委员会合作举办全国关工委领导干部"学习贯彻十八大精神，提升社会管理创新能力"专题培训班，来自24个省、自治区、直辖市关工委的领导干部45人参加培训。第十届全国人大常委会副委员长、全国关工委主任顾秀莲出席开班仪式并作第一讲：积极参与和创新社会管理是关工委义不容辞的责任。我出席了开班仪式并致辞。培训获得学员特别是基层干部广泛好评。

2015年11月23日上午，由中国关心下一代工作委员会、北京师范大学中国社会管理研究院/社会学院、巨人教育集团联合举办中国关心下一代工作委员会领导干部"关爱青少年成长——新时期提升社会服务能力"专题培训班开班。来自25个省、自治区、直辖市关工委的领导干部共45人参加学习培训，我出席开班式并

2015年11月23日，"关爱青少年成长——新时期提升社会服务能力"专题培训班开班式合影。第一排：右七顾秀莲，左六魏礼群。

致辞。北京师范大学副校长陈光巨主持开班式。中国关工委常务副主任刘晓连、刘峰岩、闵振环，北京师范大学人事处副处长兼人才办公室主任杨红英、关工委秘书长刘咏梅、中社院党总支书记兼副院长赵秋雁、副院长刘夏蓓、学术委员会主任赵孟营等参加开班式并听取首场报告。培训获得学员特别是基层干部广泛好评。

（三）承办"彩烛工程"培训班

"彩烛工程"是由中国西部人才开发基金会发起、国家开发银行资助，中国社会管理研究院承办，目的是推动西部欠发达地区的教育发展，旨在通过培训一个校长，带动一个学校，影响一个地区。2013年7月1日，"彩烛工程"第4期贵州务川、正安、道真小学校长培训班结业仪式在京师大厦举行，我出席结业仪式并讲话。来自务川、正安、道真的45名小学校长顺利结业。

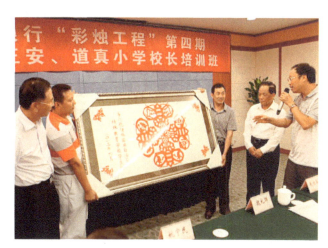

2013年7月1日，"彩烛工程"第4期小学校长培训班学员赠送礼物。右二魏礼群。

"彩烛工程"第4期培训班结业式参会领导与学员合影。第一排：左六魏礼群，左五戴桂英，左四赵秋雁，左二汪文斌，左一陈志朝。

　　为了支持云南省丽江市教育发展，2017年6月12日，由北京师范大学中国社会管理研究院/社会学院、中国西部人才开发基金会精心筹备，江苏汤沟两相和酒业有限公司鼎力支持，"汤沟西部人才——彩烛工程"小学校长培训班隆重开班。我出席开班仪式并致辞。一同出席活动的还有云南省丽江市委常委、副市长赵立地，中国西部人才开发基金会理事长兼秘书长汪文斌，江苏汤沟两相和酒业有限公司副总经理孙学凯。来自云南丽江和江苏盐城、连云港共计52名学员参加了此次专题培

2017年6月12日，"汤沟西部人才——彩烛工程"小学校长培训班合影。第一排：右五魏礼群，右四赵立地，右三汪文斌，右六孙学凯，右七陈志朝。

训。这期培训班后，形成了"丽江贫困民族地区小学校长的呼声与期盼"咨政报告，我报送中央政治局委员、国务院副总理刘延东，获得重要批示；教育部领导也作出批示，推动了实际工作。

（四）举办深圳市领导干部社会治理现代化培训班

深圳是我国最早实施改革开放的城市，也是最早创办和影响最大的经济特区，一直走在中国改革开放和现代化建设的前列，已建设成为一个现代化、国际化大都市。同时，深圳在改革发展中还创造了1000余项"第一"。近年来，深圳又率先推出了政府大部门制、公务员聘任制、法官职业化等，探索和创造了一系列成

2014年8月，魏礼群（左二）会见深圳市部分领导干部。

功的经验，在社会建设和社会治理方面也敢于创新，积累了宝贵的经验。2014年8月24日至29日，北京师范大学中国社会管理研究院和深圳市社会工作委员会共同举办"深圳市领导干部社会治理现代化培训班"。来自深圳市社工委、市委办公厅、市政府办公厅、发改委、民政局、政法委、市检察院、市法院、卫工委、妇联等相关职能部门和基层政府50余名领导干部参加了学习培训。我出席开班仪式并讲授第一讲：大力推进社会治理现代化。北京师范大学副校长曹卫东教授出席开班式并致辞，深圳市妇联副主席臧晨受深圳社工委委托致辞。开班式由中国社会管理研究院直属党总支书记兼副院长赵秋雁教授主持。

（五）合作举办青海省编办系统干部培训班

近几年，国务院陆续出台了一系列关于推进简政放权、深化行政审批制度和综合行政执法体制改革的政策举措。各地都在积极推进改革，青海省大力推进简政放权和政府职能转变，取消非行政许可审批事项，成为保留行政审批事项最少的省份之一。受青海省编制办公室委托，2016年9月20日，北京师范大学中国社会管理研究院和中国行政体制改革研究会合作举办的青海省编办系统领导干部"深化行政审批制度和综合执法体制改革，推进国家治理现代化"专题培训班开班，我出席开班仪式并致辞。一起出席活动的还有青海省编办副主任刘传河、中国行政体制改革研

究会秘书长王满传、北京师范大学中国社会管理研究院/社会学院常务副院长朱红文、党总支书记兼副院长赵秋雁。来自青海8个市（州）、46个县（市区）共计114名学员参加了此次专题培训。

2016年9月20日，魏礼群（中）出席青海省编办系统领导干部培训班开班仪式并致辞。左二王满传，左一赵秋雁，右一朱红文，右二刘传河。

魏礼群（第一排中）与青海省编办系统领导干部培训班全体学员合影。第一排：左九赵秋雁，右九王满传。

第五章

支持母校其他事业发展

十年来，我花费大量心血，凝心聚力创建中国社会管理研究院和社会学院，开拓了社会治理智库建设和社会学学科建设新局面。同时，我还经常关心和支持北师大其他事业发展，尽量出力献智。这里，举出一鳞片爪，以资纪念。

一、助力学校创办国家高端智库

2017年9月，北京师范大学中国教育与社会发展研究院被中央宣传部列入国家高端智库培育单位，2020年又被中央批准为国家高端智库试点单位。中国社会管理研究院作为学校国家高端智库建设试点单位的两大主建单位之一，自成立以来，按照国家高端智库的标准、条件，全面推进硬件和软件建设，特别是努力为党和国家提供有价值、高质量的政策研究和决策咨询成果。共获得各级领导批示和被采纳的研究成果200余项。其中，党和国家领导人作出批示的研究成果100余项；承担各类课题200余项，其中国家社科基金重大项目10项；还承担了中宣部、国家发改委、教育部、民政部等中央国家机关部委项目，以及国务院研究室特别委托重大项目、教育部哲学社会科学攻关重大项目，等等。出版各类著作百余部，在专业权威期刊和主流媒体发表论文500余篇。这些工作的开展有力地提升了中社院的决策影响力、学术影响力、社会影响力和国际影响力，也为学校成为国家高端智库建设试点单位作出了突出贡献。

为了宣介北师大智库建设的成效，我多次向党中央、国务院领导汇报中国社会管理研究院创办新型智库的进展。还记得2016年10月20日，我邀请时任中共中央宣传部副部长、国家高端智库理事长王晓晖来北京师范大学调研国家高端智库建设工作并召开座谈会。出席会议的还有时任全国人大常委会副委员长、民进中央主席、中国教育政策

2016年10月20日，魏礼群向时任中共中央宣传部副部长、国家高端智库理事长王晓晖介绍中国社会管理研究院工作。右一操晓理。

研究院院长严隽琪，我作为中国社会管理研究院（智库）院长一同出席并讲话。王晓晖一行实地考察了北京师范大学智库建设的进展情况，并发表了肯定性讲话。

为了支持学校的国家高端智库建设，我多次出席智库建设座谈会。2018年4月28日，第十三届全国人大常委会副委员长、民进中央主席蔡达峰一行来访北京师范大学，重点考察国家高端智库培育单位中国教育与社会发展研究院的建设情况，并就合作建设国家高端智库事宜进行座谈研讨。学校领导以及学校相关单位的负责人和专家学者参加会议，副校长郝芳华主持会议。我应邀出席座谈会并讲话，主要从建设高校智库的重要性、办什么样的智库、在哪些方面做好智库工作等，介绍了智库建设经验。我当时提出，中国教育与社会发展研究院已经有一定发展基础，应该进一步健全体制结构，完善成果评估与人才分类考评指标体系，建设核心队伍，提供配套保障机制，合力推动北京师范大学国家高端智库建设。

2016年5月17日，习近平总书记在哲学社会科学工作座谈会上强调指出，面对改革进入攻坚期和深水区、各种深层次矛盾和问题不断呈现、各类风险和挑战不断增多的新形势，如何提高改革决策水平、推进国家治理体系和治理能力现代化，迫切需要哲学社会科学更好发挥作用。2021年5月13日，在学习习近平总书记讲话5周年之际，受北京师范大学党委书记程建平委托，我作为北京师范大学高端智库中国教育与社会发展研究院首席专家，应《光明日报》邀请，撰写了《提高服务改革决策水平，推进国家治理现代化》一文。我在文章中指出，五年来，我国广大哲学社会科学工作者认真学习领会和贯彻落实习近平总书记重要讲话精神，坚持以习近平新时代中国特色社会主义思想为指引，深入研究和回答全面深化改革面临的一系列理论和实践问题，深入研究并阐释推进国家治理体系和治理能力现代化的体制机制与所需本领，为全面深化改革、提高改革决策水平、推进国家治理体系和治理能力现代化作出贡献。特别是一批国家高端智库快速成长，为改革决策提供了重要依据与智力支持。北京师范大学中国教育与社会发展研究院认真履行国家高端智库职能，五年来完成了260余项重要决策咨询研究成果，对推进相关改革发挥了重要作用。我认为，在全面建设社会主义现代化国家新征程中，哲学社会科学工作者一定要更加深刻领会和坚决贯彻习近平总书记重要讲话精神，不负重托、不辱使命。为此，要坚持以习近平新时代中国特色社会主义思想为指导，自觉运用马克思主义立场、观点、方法，观察、分析、研究和解决深化改革中的各种矛盾和问题，坚决抵制各种错误言论和主张。要坚持以人民为中心，聚焦人民需求和愿望，尊重群众首创精神，回应群众关切。要坚持问题导向，紧紧围绕深化改革、推进国家治理现代化中的理论问题、实践问题深入调查研究，提出有针对性、有价值的创新思想、创新方案。要加强对改革发展的实践总结，从中发现新事物、新经验、新做法，挖掘新材料、提炼新观点、构建新理论。提高服务改革决策水平、助推国家治理体系和治理能力现代化，关键是要全面提高自身素质，坚定理想信念，崇尚"士以弘道"的价值追求，真正把做人、做事、做学问统一起来，做真善美的追求者和传播者，努力在为祖国为人民立德立言、献计献策中成就自我、实现价值。

早在2015年1月26日，我应邀出席北京师范大学智库型单位——中国教育政策研究院成立5周年会议并讲话。我在讲话中重点谈到了高校建设新型智库，既具有自身独特优势，同时也面临一些制约因素和瓶颈。从优势方面来看，主要体现在四个方面：一是人才优势；二是学科优势；三是品牌优势；四是较强独立性。从制约因素来看，高校建设新型智库主要面临如下问题：一是多数高校教师没有在党政部门工作过，不了解决策的运作情况，也缺乏部门、地方、企业的工作经验，以至于写出来的成果容易大而空，脱离实际，不接地气，难以适应决策的需要；二是高校专家学者参与决策咨询的意识不够强、积极性不够高，偏重追求学术研究成果，现行的资源分配、科研评价、职称晋升等主要针对教学、科研设立，缺乏政策咨询服务的业绩评价，决策咨询成果无法展现；三是高校智库大多脱胎于校内设立的各类研究院、研究中心和研究所，其在人员编制、资金使用、校外合作等方面面临诸多体制瓶颈；四是多数高校智库产生的决策咨询成果没有一个方便、快捷的报送渠道，特别是缺少传递研究成果的"直通车"。我认为，全面认识高校建设智库的有利因素和不足方面，最大限度地发挥其优势，最大限度地克服不足，根据智库建设的规律和中国教育政策研究院发展的经验，建设中国特色高质量智库，需要大力推进一系列创新。一是创新智库功能定位。主要有六个方面：服务党政决策，推进理论创新，引导社会舆论，提供社会服务，参与公共外交，培养输送人才。二是创新组织机构形式。高校新型智库组织的形式，既不能盲目地比附体制内官方智库，也不能简单地比照传统的高校院系机构。而要围绕智库的主攻方向和研究优势，设置相应的多元孵化平台，并有利于与党和政府的政策需求进行有效对接。三是创新智库开放合作平台。"项目制""课题制"是智库机构开展跨界合作研究的基本机制，要通过项目课题牵动、优势互补，达成合作共赢。要鼓励智库开展跨学科、跨学校、跨部门、跨地区合作，共同研究改革发展中的全局性、综合性、战略性的重大问题；特别要鼓励高校智库与实际部门开展合作研究，以提高研究工作的针对性、实效性和成果转化的及时性。要搭建互联互通的信息共享平台，注重研究方法、政策分析工具和技术手段创新，为决策咨询提供学理支撑和方法论支撑。四是创新智库管理体制。包括改革评价标准体系，改革评价办法，改革管理方式，组建智库机构管理平台等。五是创新智库用人进人机制。建立灵活的选人进人机制，建立有效的用人机制，建立"旋转门"机制，建立咨政研究骨干人才库。

二、解读党的重要会议精神

2012年12月11日，我作为党的十八大报告起草组成员、中国社会管理研究院/社会学院院长应邀为北京师范大学师生作学习党的十八大精神辅导报告。

报告会上，我发表了题为《夺取中国特色社会主义新胜利的政治宣言和行动纲领——学习党的十八大报告的体会》的讲话。重点谈了六个方面：一是关于党的十八大的主题和报告起草过程；二是关于十

2012年12月11日，魏礼群为北京师范大学师生作学习党的十八大精神的辅导报告。

年基本总结和科学发展观的历史地位；三是关于坚持和发展中国特色社会主义；四是关于全面建成小康社会和全面深化改革开放的目标；五是关于"五位一体"总体布局建设和改革的主要任务；六是关于全面提高党的建设科学化水平。主要对十八大报告的新思想、新观点、新论断、新部署作了全面分析和阐述。这次辅导报告对学校各级党组织和广大党员深入学习贯彻落实党的十八大精神，起到引导和促进作用。

中国共产党第十九届中央委员会第四次全体会议之后，2019年11月7日，我应邀为北京师范大学党委理论学习中心组作"大力推进社会治理现代化"的学习体会报告。这是北京师范大学党委理论学习中心组学习党的十九届四中全会精神召开的专题会议。中央指导组同志出席会议，学校领导班子成员，校党委办公室、组织部、宣传部、统战部等职能部处负责人参加学习，会议由党委书记程建平主持。我在讲话中认为，在庆祝新中国成立70周年之际、在"两个百年"奋斗目标历史交汇期，党的十九届四中全会专题研究坚持和完善中国特色社会主义制度、推进国家治理体系和治理能力现代化问题并作出决定，具有重大而深远的意义。我重点解读了推进社会治理现代化的重大意义，特别是阐述了这次全会对推进社会治理现代化的重大创新要求，着力抓好推进社会治理现代化的重点任务，包括完善正确处理新形势下人民内部矛盾有效机制，完善社会治安防控体系和国家安全体系，健全公共安全体制机制，构建基层社会治理新格局。此次为学校党委理论学习中心组作中央全会精神的学习体会报告，既是学习和贯彻落实党中央决策部署的实际行动，也是我直接向学校党委汇报我们院近些年从事社会治理智库研究的工作成效。

2019年11月7日，魏礼群为北京师范大学党委理论学习中心组作"大力推进社会治理现代化"的学习体会报告。

2019年11月7日，北京师范大学党委理论学习中心组学习党的十九届四中全会精神会场。

　　2019年11月9日，我应邀出席并主持了北京师范大学中国社会管理研究院和互联网发展研究院联合主办的"学习贯彻党的十九届四中全会精神　推进社会治理现代化研讨会"。这次会议得到了学校和社会各界的支持。北京师范大学党委书记程建平、全国政协文史与学习委员会副主任叶小文、中共中央党校原副校长李君如、中央党史研究室原副主任李忠杰、光明日报社副总编辑陆先高等出席并发言。我在会上指出，党的十九届四中全会在科学总结以往理论创新和实践经验的基础上，全面把握坚持和发展中国特色社会主义制度的基本要求，深刻认识中国特色社会治理现代化建设的特点和规律，与时俱进地丰富了社会治理现代化的内涵，作出了许多新决策新部署，特别是在社会治理制度、社会治理体系、社会治理新境界方面，提出了重大创新性要求，为我们加强和创新社会治理、推进社会治理现代化、提高社会治理效能和水平提供了行动遵循。我同时提出，要以学习贯彻党的十九届四中全会精神为动力，更加深入研究推进社会治理现代化问题，争取产出更多有价值、高质量的智库研究成果，为坚持和完善中国特色社会主义制度、推进国家治理体系和治理能力现代化作出应有的贡献。这次会议是北京师范大学学习落实党中央关于社会治理新部署的重要举措。中共中央宣传部、中共中央党校（国家行政学院）、国务院研究室、国家信息中心、中国社会科学院等国家机关部委，清华大学、中国传媒大学等高校和科研机构，《求是》《光明日报》《中国日报》等期刊媒体，100余位代表参加会议，产生了广泛影响。

　　2021年5月9日，中国社会治理研究会数字治理分会成立暨数字治理座谈会在京举办。我出席会议并发表题为《数字治理创新大有文章可作，前景十分广阔》的致辞。我指出，党的十九届五中全会提出，要加强数字社会、数字政府建设，提升公共服务、社会治理等数字化智能化水平。刚刚颁布的国家"十四五"规划和2035年远景目标纲要中，专列一篇对"加快数字化发展，建设数字中国"作出具体部署。

2019年11月9日，"学习贯彻党的十九届四中全会精神　推进社会治理现代化研讨会"与会人员合影。第一排：右十一魏礼群，右十二程建平，右十三叶小文。

因此，研究数字治理理论和实践，建设数字中国将是一个重大的历史性任务。中国社会治理研究会数字治理分会的成立正当其时，应运而生。我认为，数字治理就是通过数字化、智能化手段赋能，促使社会治理向更加高效、更加科学、更加透明、更加民主、更加多元、更加包容、更加精细的方向发展。通过数字化手段赋能，提升社会治理数字化智能化水平，不仅是更好地解决当前许多社会矛盾和问题的迫切需要，也是有效应对今后国家现代化建设过程中种种严峻风险和挑战的战略选择。为了加快推进数字化社会治理并取得实效，需要深入研究解决许多问题。我提出了几点认识和思考，一是深入认识和把握数字治理的科学内涵及其要求；二是坚持和完善共建共治共享的社会治理制度；三是主动研究和服务数字治理战略规划和顶层设计；四是善于运用系统视角和观念研究数字治理；五是注重把技术创新与制度创新有机结合起来；六是着力提升数字社会治理效能和水平。中国社会治理研究会会长王杰秀、常务副会长李韬发表了演讲。这次座谈会，实际上是党的十九届五中全会精神和国家"十四五"规划的解读会议、贯彻会议。会议期间，还举行了中国社会治理研究会数字治理分会成立揭牌仪式。中国工程院院士倪光南、中宣部原副部长王世明、民政部原副部长顾朝曦等领导和专家参加。

2021年5月9日，魏礼群（右四）为中国社会治理研究会数字治理分会成立揭牌。左三中国社会治理研究会会长王杰秀，右一中国社会治理研究会常务副会长、北京师范大学互联网研究院院长李韬。

三、支持学校主办专题培训班

2011年11月15日至18日，受中央组织部委托，北京师范大学党委组织部主办中央国家机关司局级干部选学班系列专题培训班："危机决策与公共沟通"。这是学校第一次开办社会管理类专题班，让中国社会管理研究院负责组织实施。这是我们研究院成立以来第一次承办中央国家机关司局级干部培训，我高度重视，组织精干团队，精心设计方案，并亲自讲授"加强和创新社会管理的几个问题"课程，还向学员赠送了我最新编著的两套书《社会建设和社会管理》和《社会管理创新案例选编》。为了保障课程质量，我要求工作人员聘请知名专家教授来授课，国务院参事闪淳昌教授、北京师范大学壹基金公益研究院院长王振耀教授，北京师范大学社会发展与公共政策学院院长、中国社会管理研究院常务副院长张秀兰教授，中国社会科学院农村所社会问题研究中心主任于建嵘教授，汕头大学新闻学院常务副院长范东升教授，北京师范大学减灾与应急管理研究院李京教授，北京师范大学中国社会管理研究院副院长张欢副教授分别开设了社会管理创新、应急管理、慈善发展等社会热点问题讲座。由于讲授者都是社会管理领域专家，所讲内容理论联系实际，深受学员好评，学校也圆满完成了任务。

2012年9月24日至28日，受中央组织部委托，北京师范大学党委组织部又主办中央国家机关司局级干部专题培训班："古今善治的思想与智慧"。此次由中国社

2011年11月15日，魏礼群（第一排中）与专题班学员合影。

会管理研究院与政府管理学院合作承办。我也很重视这次专题班，精心设计教程，挑选师资力量，严格组织管理。这次专题培训邀请了第九届、第十届全国人大常委会副委员长成思危，中央编译局副局长俞可平，全国公共管理硕士（MPA）教育指导委员会秘书长朱立言，北京大学党委副书记于鸿君教授，中国人民大学任剑涛教授等知名专家学者为学员授课，受到了学员们的一致好评。

2014年9月23日，魏礼群出席中央国家机关司局级干部选学进修班开班仪式并讲授第一课。

　　2014年9月30日，我受北京师范大学党委邀请，为中央组织部委托、北京师范大学承办的中央国家机关司局级干部选学加强社会治理创新与实践探索进修班讲授第一讲："推进社会治理现代化"。我讲了两小时，用一小时与学员互动交流、回答问题，效果很好。

四、推动学校交叉学科建设

2013年4月，学校批准建立系统科学学院，为系统科学学科发展和系统科学与社会管理等学科的交叉融合提供了新的基础与平台。在21世纪社会经济发展和科技进步的大背景下，系统科学和社会管理的学术交叉，有着重要的理论意义和应用前景。用系统科学的方法研究社会领域问题，不仅有助于探索社会建设的演化规律，发展优化社会管理的方法，也有利于为系统科学在社会领域的应用提供理论依据，从而推动系统科学自身的建设和发展。2013年9月17日，系统科学与社会管理论坛暨系统科学学院揭牌仪式在北京师范大学英东学术会堂隆重举行，我作为学术论坛主席发表题为《开展跨学科研究，提高社会管理科学化水平》的主旨报告。我指出，要充分认识系统科学在社会管理中的重要作用。这是开展跨学科研究和现代科学发展的必然趋势，是社会领域和系统科学研究的重要方面，是运用系统科学研究和推动社会管理科学化的有效支撑。我同时提出了加强和创新社会管理研究的主要任务，主要包括"七个方面"：加快推进社会体制改革研究，健全社会管理制度研究，完善维护群众权益机制研究，扩大公共服务体系研究，构建社会规范研究，加强公共安全建设研究，强化网络社会管理研究。论坛还邀请了欧盟科技官员Ralph Dum教授，韩国高丽大学公共管理学院政府管理研究所所长崔兴硕（Heungsuk Choi）教授，全球气候论坛（Global Climate Forum）主席、北京师范大学"海外千人计划"学者Carlo Jaeger教授，中国海洋石油总公司副总经济师刘小明教授，中科院自动化研究所复杂系统管理与控制国家重点实验室王飞跃研究员等知名专家学者作学术报告。

在着力与系统科学学院开展交叉学科研究的同时，我深刻认识到发挥学科交叉融合"催化剂"作用的重要性和必要性。为此，在学校党委领导下，我作为项目负责人，部署指导开展交叉学科建设的相关工作。我们按照"当代中国社会治理研究"学科交叉平台项目总体规划，充分发挥"智库建设和学科发展"双轮驱动、社会治理理论研究和社会服务实践相得益彰的优势，以社会学为主，与历史学、教育学、公共管理学、心理学、政治学、系统科学、经济学、法学、传播学、信息与通信工程等学科交叉合作（其中，教育学、心理学为项目规划外新增），以深入开展大型社会调查活动——"百村社会治理调查"为基础和抓手，围绕"中国特色社会治理理论与道路研究""传统文化与现代社会治理研究""现代社会治理体系与制度政策研究""社会治理主体权力与责任行动研究""互联网时代的社会治理创新研究""国外社会治理经验与借鉴研究"等议题，致力于从传统与现代、国内与国外、文科与理科交互比较、融通中探讨和解析当代中国特色社会治理的基本理论、道路、制度、文化、模式、结构、目标、路径、逻辑等，产出高质量决策咨询和科研成果，举办重要的国内外会议，开展跨部门社会服务，努力培养高质量复合型人才，取得了一系列重要成果。

五、参与中国文化国际传播

　　我应聘到母校任职不久，北师大资深教授、中国文化国际传播研究院院长、艺术与传媒学院首任院长黄会林先生邀请我参加她举办的中国文化国际传播活动。我出于对会林先生的尊敬和对她从事事业的支持，欣然答应。会林文化奖自2015年设立，以北京师范大学资深教授黄会林的名字命名，每年表彰为中国文化国际传播事业作出突出重要贡献的中外人士各一位，迄今已举办6届。会林文化奖致力于打造中国文化国际传播高端话语平台，向世界展示底蕴深厚、丰富多样的中国文化，促进了中外文化交流和传播。多年来，会林先生每至新年都会为我送来新年贺卡和新近出版的著作，我很是高兴和感动。2020年1月8日，她邀请我出席由会林文化基金、北京师范大学中国文化国际传播研究院联合主办的第六届会林文化奖颁奖典礼，我欣然应允。颁奖典礼上，我与第二届会林文化奖得主、美国著名汉学家安乐哲共同为北京大学哲学系、宗教学系教授楼宇烈颁发第六届会林文化奖。这次活动举办得热烈隆重，社会效果很好，我也受到一次中国文化国际传播的生动教育。

2020年1月8日，魏礼群（右一）与美国著名汉学家安乐哲（左一）共同为楼宇烈教授（中）颁发第六届会林文化奖。

六、关心北师大智慧教育发展

　　北京师范大学是一所以教师教育、教育科学和文理基础学科为主要特色的著名学府，在智慧教育的理论创新和实践探索中走在了前列。2016年至2019年，北京师范大学联合国际组织和国内外高校连续举办了4届"智慧教育大会"，发布了一系列研究报告，产生了广泛的影响。2020年8月20日，由北京师范大学主办的第五届"2020全球智慧教育大会"在北京师范大学昌平校区举办，我应邀出席开幕式。出席开幕式的嘉宾还有：北京师范大学校领导，中国工程院赵沁平院士、邬贺铨院士、张军院士，中国联合国教科文组织全国委员会秘书长秦昌威等。大会开幕式由北京师范大学副校长周作宇教授主持。我在开幕式之前参观了北京师范大学昌平新校区，实地考察了互联网教育智能技术及应用国家工程实验室建设情况。北京师范大学校务委员会副主任陈光巨、互联网教育智能技术及应用国家工程实验室主任黄荣怀、新校区办公室副主任韩冰、智慧学习研究院副院长曾海军等陪同参观考察。

　　前些年，我对北京师范大学申报和开展互联网技术及应用国家工程实验室建设，曾给予关心和帮助，此次亲自见到这个国家支持的项目取得重大进展和成效，心里非常高兴，称赞智慧学习研究院办得好，国家支持资金用得好！

2020年8月20日，魏礼群（中）考察北京师范大学互联网教育智能技术及应用国家工程实验室。左三陈光巨，右二赵秋雁，左一李放，左二曾海军，右一朱瑞，右三黄荣怀。

附录

大事记

中国社会管理研究院/
社会学院直接与魏礼群院长工作相关的部分

情系北师大

2010
—
2022

2010 年

10 月 22 日 北京师范大学印发《关于成立中国社会管理研究院的决定》：经 2010 年 10 月
20 日党委常委会研究，决定成立北京师范大学中国社会管理研究院，聘请魏礼
群担任研究院院长。

2011 年

3 月 17 日 魏礼群院长会见联合国驻中国协调代表兼联合国开发计划署常驻代表罗黛琳一
行，商谈加强和创新社会管理方面合作。

4 月 25 日 国务委员兼国务院秘书长马凯在魏礼群请示报告上对北京师范大学成立中国社
会管理研究院作出批示。

5 月 3 日 中共中央政治局委员、国务委员刘延东对北京师范大学成立中国社会管理研究
院作出批示。

5 月 7 日 中国社会管理研究院成立大会暨首届中国社会管理论坛在北京师范大学英东学
术会堂举行。第十届全国人大常委会副委员长顾秀莲、第十一届全国政协副主
席陈宗兴、魏礼群院长等为中国社会管理研究院揭牌。首届论坛围绕"中国特
色社会管理体系建设和社会管理创新实践"的主题展开研讨。

7 月 8 日，《人民日报》发表题为"努力建设中国特色社会管理体系"的长篇综述，
对首届中国社会管理论坛进行报道。

同日 魏礼群院长出席中国社会管理研究院第一届咨询委员会（以下简称咨委会）第
一次全体会议。第十届全国人大常委会副委员长顾秀莲、第十一届全国政协副
主席陈宗兴、中央政策研究室常务副主任何毅亭、中共北京市委常委梁伟等咨
委会顾问、主任、副主任和委员出席。

8 月 魏礼群院长主编《加强和创新社会管理讲座》由学习出版社出版。中国社会科
学院荣誉学部委员陆学艺于 2011 年 11 月 1 日在《人民日报》发表文章：《一

部理论联系实际的研究力作——评〈加强和创新社会管理讲座〉》。

魏礼群院长主编《社会管理创新案例选编》由人民出版社出版。《光明日报》记者运娜于 2011 年 11 月 24 日在《光明日报》作专题报道《社会管理创新案例选编》出版，称"该书是我国第一套系统梳理和反映各地各部门社会管理创新经验的案例集"。

10 月 13 日 魏礼群院长会见山东省淄博市主要领导，并举行了中国社会管理研究院与淄博市人民政府战略合作签约仪式。

10 月 31 日 申报教育部哲学社会科学研究重大课题攻关项目"社会管理体制创新研究"获准立项，项目首席专家为魏礼群院长，课题组长为张秀兰副院长。

10 月 魏礼群院长著《社会建设和社会管理》由人民出版社出版。这部著作记录了魏礼群同志关于中国特色社会主义社会建设与社会管理理论和实践的思考与研究。

11 月 15 日至 18 日 受中共中央组织部委托，北京师范大学党委组织部主办，中国社会管理研究院承办中央国家机关司局级干部选学班"危机决策与公共沟通"专题班。这是北京师范大学第一次开办社会管理类专题班，也是中国社会管理研究院首次承办中央国家机关司局级干部培训班。培训期间，魏礼群院长讲授"加强和创新社会管理的几个问题"课程，赢得学员一致好评。

11 月 19 日 魏礼群院长会见四川省德阳市市委副书记、市长陈新有，并举行了中国社会管理研究院与德阳市人民政府战略合作签约仪式。

12 月 10 日 教育部哲学社会科学研究重大课题攻关项目"社会管理体制创新研究"开题报告会举行。项目首席专家魏礼群院长主持会议，教育部社会科学司司长杨光等出席。

同日 中国社会管理研究院咨询委员会第二次会议暨首届兼职教授聘任仪式举行。第十届全国人大常委会副委员长顾秀莲，中央政策研究室常务副主任何毅亭，全国政协常委、新华社原党组书记、社长田聪明，国务院法制办原党组书记、主任曹康泰等咨委会顾问、主任、副主任和委员出席，最高人民法院原副院长刘家琛等 16 位专家学者受聘兼职教授。

12 月 30 日 第十届全国人大常委会副委员长、中国关心下一代工作委员会主任顾秀莲专程莅临中国社会管理研究院，与魏礼群院长会商"关心教育下一代和创新社会管理"培训等有关工作。

2012 年

2 月 10 日 经全国哲学社会科学规划办公室批准，国家社科基金特别委托重大项目"中国当代社会管理创新与国家科学发展战略"重大课题立项，魏礼群院长任项目首席专家。

3 月 28 日 魏礼群院长主持国家社科基金特别委托重大项目"中国当代社会管理创新与国家科学发展战略"开题报告会。国务院研究室社会发展司司长邓文奎，综合司巡视员刘应杰，以及国家行政学院、清华大学、武汉大学等领导专家出席。

5 月 27 日 中国社会管理研究院联合中共北京市委社会工作委员会、中共廊坊市委举办第二届中国社会管理论坛，主题为"深化社会体制改革与推进科学发展"。第十届全国人大常委会副委员长顾秀莲、第十一届全国政协副主席陈宗兴等领导出席，10 余位部长级干部以及 300 余位代表参加会议。魏礼群院长主持会议并发表题为《改革社会体制 推进科学发展》的主旨演讲。

魏礼群院长的该演讲稿上报中央领导同志，获中央领导同志批示；北京市、廊坊市领导高度重视，并用以指导实际工作。11 月 12 日，《人民日报》发表了论坛长篇综述《推进社会建设的必由之路》。会议成果遴选结集为《社会体制改革与科学发展》，由北京师范大学出版社出版，产生广泛社会影响。

7 月 5 日 至 10 日 魏礼群院长随全国政协副主席李金华率领的全国政协常委视察团到黑龙江省调研"加强和创新社会管理体制机制建设有关情况"。中国社会管理研究院赵秋雁副院长应邀作为考察团专家参加视察，并作为主要执笔人起草《我国基层社区建设的问题和建议——关于黑龙江省加强和创新社会管理体制机制建设情况的视察报告》，受到政协常委视察团的充分肯定，全国政协办公厅采纳。

9 月 1 日 魏礼群院长应邀出席北京师范大学 110 周年校庆中央国家机关校友代表座谈会并讲话。

9 月 8 日 北京师范大学校友总会历史学院校友会分会成立大会举行，魏礼群院长出席会议并被推选为首任会长。

9 月 23 日 魏礼群院长主持召开"社会管理学科和教材建设"专家研讨会，来自中国社会科学院、国家行政学院、清华大学、北京大学、中国人民大学、中山大学、中国青年政治学院、南开大学等专家学者出席。

会后，魏礼群院长上报的《关于增设"社会管理"为国家一级学科的建议》获国务院领导同志和教育部部长袁贵仁批示。这一研究成果直接推进了我国社会学学科建设进程，是北京师范大学为促进国家学科建设和人才培养作出的贡献。2013 年 4 月，国务院学位委员会在听取各方面意见基础上正式将"社会管理和社会政策"列入国家学科体系，作为社会学学科方向，并在管理科学与工程一级学科下，增设"社会管理工程"为二级学科，这些已发布在国务院学位委员会第六届学科评议组编写的《学位授予和人才培养一级学科简介》。

10 月 27 日 魏礼群院长应邀出席清华大学社会科学学院成立大会并致辞，并与清华大学党委书记胡和平、校长陈吉宁，第十届全国政协副主席徐匡迪等共同为社会科学学院揭牌。

11 月 30 日 魏礼群院长应邀出席九三学社第十次全国代表大会，并作学习党的十八大精神的辅导报告，九三学社主席团常务主席谢小军主持。

12 月 4 日 魏礼群院长会见河北省肃宁县委常委、常务副县长杨明义一行，并举行了中国社会管理研究院与河北省肃宁县委县政府战略合作签约仪式。北京师范大学副校长曹卫东出席。肃宁县是全国社会管理创新综合试点之一，也是中国社会管理研究院长期跟踪研究对象之一。

12 月 8 日 中国社会管理研究院咨询委员会第三次会议召开。第十届全国人大常委会副委员长顾秀莲，国务院法制办原党组书记、主任曹康泰等咨委会顾问、主任、副主任和委员出席。会议听取院 2012 年度工作汇报，增补第十一届全国政协副主席李金华为咨询委员会顾问，全国妇联原党组书记、第一副主席黄晴宜为咨询委员会副主任。

12 月 26 日 魏礼群院长会见友成企业家扶贫基金会理事长王平、执行总监钱为家一行，探讨加强和创新社会管理方面的校企合作。

同日 魏礼群院长与北京师范大学原党委书记、校长方福康就社会管理与系统科学的交叉学科建设进行交谈。

2013 年

1月23日 魏礼群院长主持召开"深化社会体制改革，加快现代社会组织体制建设"专家座谈会，集中学习研讨党的十八大提出的"加快形成政社分开、权责明确、依法自治的现代社会组织体制"等问题。国务院发展研究中心、民政部民间组织管理局、中共北京市委社会工作委员会、中国社会科学院、国家行政学院、清华大学、北京大学、宁波大学、友成基金会等领导专家出席。

同日 中国社会管理研究院召开 2012 年度工作总结暨新春联欢会，魏礼群院长出席并发表新春致辞。

3月3日 魏礼群院长与全院师生共同迎接 2012—2013 年第二学期开学，发表新学期致辞，并作专题报告：加快社会管理人才培养，加强和创新社会管理。

4月10日 魏礼群院长主持召开国家社科基金特别委托重大项目"中国当代社会管理创新与国家科学发展战略重大课题研究"中期研讨会，国务院研究室、国家信息中心、全国老龄工作委员会、国家行政学院、清华大学、武汉大学、东北财经大学等课题组成员参加。

4月19日 魏礼群院长主持召开教育部哲学社会科学研究重大课题攻关项目"社会管理体制创新研究"中期研讨会，对子课题进行点评和指导，部署下一步研究工作，课题组成员参加。

4月20日 魏礼群院长应邀出席中国人民大学公共治理研究院成立大会，并与中央统战部原常务副部长朱维群，中国人民大学校长陈雨露，原党委书记、公共治理研究院院长程天权共同为公共治理研究院揭牌。

5月24日 经全国哲学社会科学规划办公室批准，国家社科基金特别委托重大项目"中国社会管理创新研究信息库建设"立项，魏礼群院长任首席专家。项目工程第一阶段三年经费 240 万元，这是社科基金项目管理中的特殊资助。

5 月 25 日 中国社会管理研究院、中共北京市委社会工作委员会和中国社会工作协会共同主办，巨人教育集团协办的"第三届中国社会管理论坛在北京师范大学举行。论坛主题是"贯彻十八大精神，加快社会体制改革"。第十届全国人大常委会副委员长顾秀莲、第十一届全国政协副主席李金华、陈宗兴等领导出席；国际行政科学学会会长金判锡等国际组织负责人应邀参加并演讲，10 余位部长级干部以及 300 余位中外专家参加，论坛成果丰富。中国社会治理智库丛书系列之一、我国社会体制领域首本蓝皮书《社会体制蓝皮书：中国社会体制改革报告No.1》也在论坛上发布。

魏礼群院长发表题为《加快构建中国特色社会主义社会体制》的主旨演讲，获中央领导同志批示；7 月 8 日，《人民日报》理论版刊发，受到社会广泛好评。《光明日报》等近 80 家媒体报道或转载论坛成果。会议成果遴选结集为《加快构建中国特色社会主义社会体制》，由北京师范大学出版社出版，产生良好的社会影响。

同日 魏礼群院长会见新疆维吾尔自治区文联名誉主席、新疆师范大学社会管理研究院院长刘宾一行，并签署了合作协议。

7 月 1 日 魏礼群院长出席中国西部人才开发基金会、国家开发银行、北京师范大学共同举办的"彩烛工程"第 4 期小学校长培训班结业式，接见全体参培人员并发表题为《继续共同办好"彩烛工程"》的讲话。

之后，7 月至 10 月，继续举办西部智力扶贫项目"彩烛工程"6 期（第 2~7 期），来自四川、贵州、重庆 6 个县总计 270 余名小学校长参加培训，取得良好的社会效应、教育效应和人才效应。7 月 18 日，魏礼群院长向国务院领导呈报《关于"彩烛工程"小学校长培训公益项目的报告》，国务院领导作出重要批示；教育部部长袁贵仁也作出批示，认为该工程做得很有特色很有成效，其中一些做法可借鉴吸收到"国培计划"中。

7 月 8 日 《人民日报》刊发魏礼群院长文章：《加快构建中国特色社会主义社会体制》。

9 月 17 日 中国社会管理研究院与系统科学学院共同主办系统科学与社会管理学术论坛暨北京师范大学系统科学学院揭牌仪式。魏礼群院长出任论坛主席，并发表题为《开展跨学科研究　提高社会管理科学化水平》的主旨演讲。

同日 魏礼群院长会见韩国高丽大学教授崔兴硕（Heungsuk Choi）。崔教授是国际知

名的公共管理领域的专家，是中社院推荐入选的首位国家外专局海外高端人才
项目专家。

9 月 18 日 经科技部批准，中国社会管理研究院申报的《信息化建设与社会管理创新研究》，
入选国家软科学研究计划，魏礼群院长任首席专家，项目组长为赵秋雁。

11 月 7 日 经全国哲学社会科学规划领导小组批准，聘请魏礼群院长担任国家哲学社会科
学研究专家咨询委员会委员。该委员会是全国哲学社会科学规划领导小组决策
的咨询顾问机构，首批咨询委员共 30 人，由我国哲学社会科学领域知名专家
组成。

11 月 27 日 国家社科基金特别委托重大项目"中国社会管理创新研究信息库建设"开题研
讨会举行。首席专家魏礼群院长讲话，北京师范大学校领导致辞并主持。全国
哲学社会科学基金规划办、民政部、国务院研究室、北京市委社会工作委员会、
全国老龄工作委员会、深圳市社会工作委员会、中国社会工作教育协会、国家
行政学院、清华大学、北京大学、中国人民大学、重庆大学、陕西惠民社会建
设研究院等有关领导和专家，北京师范大学历史学院、政府管理学院、系统科
学学院、校社会科学处、信息网络中心、科学技术处、党委宣传部等校内相关
院系和职能部门负责人以及中国社会管理研究院师生参加。

12 月 11 日 中国社会管理研究院与淄博市人民政府联合举办的"社会管理创新研究"课题
结项研讨会召开。首席专家魏礼群院长，北京师范大学副校长曹卫东，淄博市
人民政府副市长张庆盈，以及来自国务院研究室、国家行政学院等校内外课题
组成员出席会议。淄博市领导认为："该调研报告具有重要的学术价值和应用
意义，研究成果全面、系统、客观、前沿、可操作，不仅提炼了淄博市社会治
理特色，还通过查找问题和剖析原因提出了可行性对策建议，为探索具有淄博
特色的社会治理创新之路指明了方向。"这也为我国"资源型老工业城市"如
何加强社会管理、创新社会治理体制提供了借鉴。

12 月 14 日 中国社会管理研究院咨询委员会第四次会议召开。第十届全国人大常委会副委
员长顾秀莲，中国社会科学院院长王伟光，北京师范大学咨委会顾问、主任、
副主任和委员出席。会议听取院 2013 年度工作汇报，增补中华全国总工会书记
处书记、党组成员赵世洪为咨询委员会副主任，清华大学社会科学学院院长李
强等为咨询委员会委员。

2014年

1月20日 魏礼群院长主持召开中国社会管理研究院 2013 年总结大会并讲话，党总支书记兼副院长赵秋雁作述职报告，4 个部门作工作总结汇报。全院教职工参加。

2月28日 魏礼群院长主持召开编写大型文献图书《当代中国社会大事典（1978—2015）》研讨会。国务院研究室、中共北京市委社会工作委员会、中国社会科学院、国家行政学院、清华大学、中国人民大学，以及北京师范大学中国社会管理研究院、历史学院、政府管理学院、哲学与社会学学院、社会科学处等领导专家出席。与会专家认为，在国家全面推进现代化建设和全面深化改革的重要时期，组织编写《大事典》具有重要意义。

4月18日 《社会体制蓝皮书》新书发布会在北京师范大学京师大厦举行。魏礼群院长出席并致辞。中共北京市委社会工作委员会副书记张坚，中国社会科学院社会学研究所所长陈光金研究员，蓝皮书主编、国家行政学院社会治理研究中心主任龚维斌教授，中国行政体制改革研究会秘书长王满传教授，清华大学社会科学学院政治系主任张小劲教授，中国社会工作协会副秘书长祁庆杰，社会科学文献出版社皮书研究院执行院长蔡继辉，蓝皮书副主编、北京师范大学中国社会管理研究院副院长赵秋雁教授等出席发布会。

4月19日 魏礼群院长主持召开《当代中国社会大事典（1978—2015）》编委会第一次会议。国务院研究室党组书记、主任宁吉喆，中国社会科学院副院长、学部委员李培林，中华全国总工会书记处书记、党组成员赵世洪，中共北京市委社会工作委员会书记宋贵伦等副主编，国务院研究室、国家发展和改革委员会、中共中央宣传部全国哲学社会科学规划办公室、国家卫生和计划生育委员会、国家行政学院、清华大学、中国人民大学、中国行政体制改革研究会等单位的编委出席。

5月18日 北京师范大学中国社会管理研究院联合中共北京市委社会工作委员会、中国社会科学院社会学研究所、中国社会工作协会、清华大学社会科学学院举办第四届中国社会治理论坛"创新社会治理体制"。第十一届全国政协副主席李金华等领导、10 余位部长级干部出席论坛，400 余位中外专家参加会议。

6月20日，《光明日报》头版刊发魏礼群院长主旨演讲《积极推进社会治理体制创新》，近 60 家网站全文转载，受到社会广泛好评。论坛文集《创新社会治理体制》由北京师范大学出版社出版。

5月20日　魏礼群院长致信国家新闻出版广电总局党组书记蒋建国同志，提出申办《中国社会治理》期刊，并报送《关于创办〈中国社会治理〉期刊的请示》。

6月13日　由中国社会管理研究院承担、魏礼群院长任首席专家的深圳社工委委托研究项目"深圳'织网工程'理论体系研究"结题报告会召开。深圳社工委专职副主任陈东平等领导认为，课题组完成的《深圳"织网工程"调研报告》具有重要的理论和实践意义，为持续推动深圳社会建设创新作出了积极的贡献。

7月6日　魏礼群院长主持《当代中国社会大事典（1978—2015）》编委会第二次会议暨编撰负责人会议。宁吉喆、李培林、赵世洪、宋贵伦、高建华（代马建堂局长）等编委会副主任，施子海、葛延风、王金华、丁建华、陈光金、翟振武、龚维斌等编委会成员，李文、王春光、徐鸿武、刘浩等章节负责人，以及编委会办公室成员出席。会议重点研讨了全面落实该项工作的步骤和方法，与会各章节负责人签订了相应的委托协议。

7月11日　魏礼群院长组织中国社会科学院、国家行政学院、清华大学、北京大学、中国人民大学、中国社会管理研究院等领导专家研究论证，形成《关于改革学科建制和提升社会学地位的建议》上报中央领导同志，获党中央领导同志、国务院领导同志批示，教育部领导也作出批示。

8月30日，魏礼群院长还组织召开了"改革学科建制和提升社会学地位"专家座谈会，并于2014年8月、9月两次与国务院学位委员会负责同志面谈，研究推进中国特色社会学建设工作。这是中国社会管理研究院重要的咨政成果，也是北京师范大学为推动学科建设作出的贡献。

8月24日至29日　中国社会管理研究院与深圳市社会工作委员会合作举办"深圳市领导干部社会治理现代化培训班"。魏礼群院长出席开班仪式并讲授第一课："大力推进社会治理现代化"；北京师范大学副校长曹卫东出席开班式并致词。来自深圳市社工委、市委办公厅、市政府办公厅、发改委、民政局、政法委、市检察院、市法院、卫工委、妇联等相关职能部门和基层政府50余名领导干部参加学习培训。这是中国社会管理研究院履行"育人、科研、咨政、合作"职能的重要体现，是积极开展校地合作建设世界一流大学的实际行动，也是提升深圳市探索具有地方特色的社会治理现代化新路子的有力举措。

8月28日 国家新闻出版广电总局印发《关于同意创办〈社会治理〉期刊的批复》。期刊的主管单位为教育部，主办单位为北京师范大学，出版单位为北京师范大学出版社（集团）有限公司。

12月13日 中国社会管理研究院咨询委员会第五次会议召开。会议听取了中国社会管理研究院2014年工作总结和2015年初步工作计划汇报，并就如何把中国社会管理研究院建成有重要影响的高质量社会治理智库进行了讨论。这是贯彻落实党的十八大，党的十八届一中、二中、三中、四中全会精神，以及党中央、国务院《关于加强中国特色新型智库建设的意见》的具体行动和重要举措。第十届全国人大常委会副委员长顾秀莲，中国社会科学院院长王伟光等咨询委员会顾问、主任、副主任和委员等出席，魏礼群院长发表讲话。

2015年

1月7日 魏礼群院长会见来访的亚洲行政学会（ASPA）主席金判锡，达成合作开展"中韩社会治理现代化比较研究"等意向。

1月13日 北京师范大学印发《关于成立社会学院的决定》：经学校研究，决定成立北京师范大学社会学院；同时，决定聘任魏礼群为社会学院院长。社会学院与中国社会管理研究院按"一个实体、两块牌子"运行。社会学院主要承担社会学一级学科建设和社会学人才培养工作，中国社会管理研究院主要承担面向国家重大需求的科学研究和国家智库建设工作。

1月14日 魏礼群院长主持召开2014年度述职暨年终总结会议并讲话。党总支书记兼副院长赵秋雁作述职报告，4个部门进行工作总结汇报，全院教职工参加。

1月26日 魏礼群院长应邀出席"教育智库建设高层咨询会"并发表主题演讲。第十一届、第十二届全国人大常委会副委员长、民进中央主席、中国教育政策研究院院长严隽琪出席会议并讲话，北京师范大学校领导主持开幕式。咨询会议围绕中国特色新型智库的理论和含义，新型教育智库的属性功能、管理体制、运行机制、构建模式等主题进行深入研讨。

1月28日 魏礼群院长一行应邀考察调研国家创新与发展战略研究会，与中共中央党校原常务副校长、国家创新与发展战略研究会会长郑必坚交流智库建设工作。就创新智库功能定位和组织机构形式，加强合作和交流等深入交换了意见。中共北京市委委员、市社工委书记、社会办主任宋贵伦，中国社会管理研究院副院长赵秋雁，中国行政体制改革研究会秘书长王满传等陪同调研。

2月2日　智库媒体平台"智库中国"评选出 2014 年致力于智库研究和实践的代表人物，魏礼群院长荣膺 13 位智库代表人物之一，这是我国首次评选该类代表人物。

同日　魏礼群院长应邀到光明日报社接受光明网视频访谈，全面、深入地解读了中办、国办印发的《关于加强中国特色新型智库建设的意见》。

3月4日　魏礼群院长会见来访的法国图卢兹大学资深教授吉尔伯特（Gilbert de Terssac）一行，商谈在两校框架性合作协议基础上落实好联合课题攻关、教师互访、学生互换等合作计划。

3月15日　"北京师范大学社会学院成立大会暨社会治理智库建设"研讨会举行。第十届全国人大常委会副委员长顾秀莲，国务院研究室原主任、国家行政学院原党委书记魏礼群，中国社会科学院副院长、学部委员李培林，中国人民大学党委书记靳诺，教育部社会科学司司长张东刚，高等教育司副司长刘贵芹，北京市委社会工作委员会书记宋贵伦，中国社会科学院社会学研究所所长陈光金，国家行政学院决策咨询部副主任丁元竹，中国社会学会会长李强，中国民俗学会会长朝戈金，中国社会工作教育协会会长王思斌，以及北京师范大学校领导出席会议。会议由北师大副校长杨耕主持。新成立的社会学院与中国社会管理研究院实行"一个实体、两块牌子"建设。

4 月 20 日，《光明日报》刊发会议综述《发展中国特色社会学　创新社会治理体系》。

3月19日　魏礼群院长主持召开中国社会管理研究院 / 社会学院第一次全体教职工会议，并发表题为《明确功能定位　勇于改革创新　努力建设国家社会治理高端智库和社会学学术重镇》的讲话。

4月14日　为贯彻落实习近平总书记《关于加强和改进党的群团工作的意见》的讲话精神，推进青年信用体系建设，加强和创新社会治理，魏礼群院长主持召开"青年信用体系建设"座谈会，共青团中央书记处书记汪鸿雁、国家发展和改革委财金司副司长冀晓翀，以及北京经济技术开发区管委会、北京市金融局、北京亦庄国际投资公司等领导、专家出席。

4月22日 魏礼群院长主持召开中社院第一次党政联席会议，研究中社院组织架构等工作。

同日 《光明日报》刊发魏礼群院长文章：《建设专业化高质量社会智库》。文章提出建设世界智库强国的思想，要引导社会智库走有特色、专业化发展道路。

4月24日 北京师范大学与中国金融租赁有限公司捐赠协议签署仪式举行。魏礼群院长，中国金融租赁有限公司董事长李波、董事李金芳等出席，中国金融租赁有限公司常务副总经理张文强主持仪式，北京师范大学党委/校长办公室、中社院、《社会治理》杂志社，以及中国金融租赁有限公司等单位负责同志参加。

5月17日 中社院联合中共北京市委社会工作委员会、中国社会科学院社会学研究所、中国社会工作联合会和厦门市人民政府举办第五届中国社会治理论坛。论坛以"创新社会治理，建设法治社会——'十三五'建言"为主题，魏礼群院长发表题为《积极推进社会治理体制创新》的主旨演讲。

会后，中央领导同志对这个主旨演讲作出批示，充分肯定演讲内容。论坛成果结集《创新社会治理，建设法治社会——"十三五"建言》由红旗出版社出版，产生良好社会影响。

同日 在第五届社会治理论坛上，还举行了《社会治理》杂志的创刊仪式。魏礼群院长为《社会治理》杂志创刊撰写了发刊词。

6月3日至9日 魏礼群院长为首席专家、赵秋雁副院长为课题组组长研究撰写的《关于加快青年信用体系建设的建议》，获多位中央领导同志批示，并纳入国家发改委、团中央决策部门工作，启动试点建设方案。

6月5日 魏礼群院长主持召开其担任首席专家的国家软科学项目"信息化建设与社会管理创新研究"结题验收会暨国家社科基金特别委托重大项目"中国社会管理创新研究信息库软硬件一体化实施方案"专家论证会，来自国家发改委、中共北京市委社会工作委员会、中国行政体制改革研究会、清华大学、中国人民大学等领导、专家出席。

6月27日 社会学院举行2015届毕业典礼。魏礼群院长以《做一个什么样的人》为题作寄语。这是北京师范大学发展史上首次举办独立建制的社会学院毕业生的毕业典礼。

9月16日 至17日	北京师范大学中国社会管理研究院和英国伦敦大学亚非学院中国研究院在北京师范大学共同举办首届中英社会治理现代化研讨会，研讨中英社会治理和社会建设中的理论和实践问题，并签署了战略合作协议。魏礼群院长出席并致辞，北京师范大学校领导会见嘉宾。 《光明日报》于10月21日刊发长篇综述《加强社会治理创新 推进社会治理现代化》，予以报道。
10月18日 至19日	中国社会管理研究院/社会学院与法国图卢兹大学联盟和法国图卢兹二大在北京师范大学共同举办"社会变迁和社会治理的理论和实践：中国和法国"研讨会。魏礼群院长、北京师范大学副校长周作宇出席并致辞。会议围绕公司治理、社会问题、产业关系、劳动关系、立法研究等前沿热点问题展开广泛研讨交流，形成研究报告等多项成果。
11月	2015年第21期《求是》杂志刊发魏礼群院长署名文章：《改革开放使中国发展道路越走越宽——深入学习领会习近平总书记关于改革开放的重要论述》。
11月20日	社会学院2013级社会工作本科生林颖楠等撰写调研报告《乡土社会与市场经济的互嵌——基于福建东庄镇医疗产业同乡同业现象的实地调查》，荣获共青团中央、中国科协、教育部和全国学联、广东省人民政府共同主办第十四届"挑战杯"全国大学生课外学术科技作品竞赛特等奖，这是北京师范大学首次获得该类项目特等奖，指导教师赵炜教授获优秀指导教师奖。魏礼群院长赛前亲自审改参赛调查研究报告，赛后给林颖楠等同学回信，给予勉励。
12月1日	中国社会管理研究院/社会学院举办学习贯彻党的十八届五中全会精神报告会。魏礼群院长出席会议并讲话，中央宣讲团成员、著名经济学家、中社院咨询委员会委员林兆木研究员作专题辅导报告。北京师范大学督导组，历史学院、社会发展和公共政策学院、经济与工商管理学院、系统科学学院负责人和部分老师，以及中社院师生，共100余人参会。
12月4日	魏礼群院长应邀赴上海出席教育部、上海市人民政府、复旦大学举办的大学智库论坛并发表题为《全面建成小康社会决胜阶段的历史重任与大学智库的使命担当》的主旨演讲。赵秋雁、赵孟营、陈鹏等参加。
12月5日	魏礼群院长考察上海市杨浦区五道场街道社区文化中心，并与中共上海市委社会工作委员会书记孙甘霖、副书记袁建国等座谈。赵秋雁、赵孟营、陈鹏等参加。

12月13日 中国社会管理研究院咨询委员会第六次会议召开。会议听取了中社院 2015 年工作汇报，并就如何把中社院建设成国家社会治理高端智库和社会学学术重镇进行了讨论。第十届全国人大常委会副委员长顾秀莲等咨询委员会顾问、主任、副主任和委员出席，魏礼群院长发表讲话。会上，聘任中国社会科学院副院长、社会学领域著名专家李培林研究员为社会治理智库首席专家，增补 4 位咨询委员会成员。

2016 年

1月14日 魏礼群院长主持召开中社院院领导班子成员述职暨新春团拜会。常务副院长朱红文，党总支书记兼副院长赵秋雁，副院长刘夏蓓，副院长、《社会治理》杂志社副社长兼副总编辑刘逸帆，党总支副书记王苗分别作述职报告，全体教职工参加。

2月4日 《光明日报》刊发魏礼群院长署名文章：《全面建成小康社会决胜阶段：大学智库的使命担当》

3月20日 魏礼群院长呈报的《关于特别委托重大项目〈中国社会管理创新研究信息库建设〉予以持续资助的申请报告》，获党中央领导同志批示，并获得持续资助。

3月24日 《社会治理》杂志举行编委会第一次会议。会议围绕学习贯彻习近平总书记在党的新闻舆论工作座谈会上的重要讲话精神，研究讨论进一步办好《社会治理》杂志。编委会主任魏礼群主持会议，并发表题为《注重提高刊物质量 努力推出精品力作》的讲话。

4月7日 经过专家初评、复评、终评三个阶段严格评审，并经国家出版基金管理委员会审定，魏礼群院长主持编写的大型文献图书《当代中国社会大事典（1978—2015）》（综合卷）荣获国家出版基金项目资助。

6月25日 社会学院举行 2016 届毕业典礼。魏礼群院长从英国伦敦通过视频作寄语。校友嘉宾中国社会科学院学部委员、民俗学研究所所长、研究员，国际哲学与人文科学理事会主席，中国民俗学会长朝戈金发言；常务副院长朱红文、党总支书记兼副院长赵秋雁、副院长刘夏蓓、副书记王苗等学院教师，以及 2016 届毕业生、毕业生家长、在校学生 170 余人参加。

7月17日 第六届中国社会治理论坛"创新社会治理 决胜全面小康"在北京师范大学举行。第十届全国人大常委会副委员长顾秀莲，第十一届全国政协副主席李金华、陈宗兴，中国社会科学院副院长蔡昉等出席。魏礼群院长发表题为《创新社会治理 决胜全面小康》的主旨演讲。

之后，魏礼群院长的主旨演讲上报党中央主要领导同志，获得重要批示，其他几位中央领导同志也作出批示。

7月18日 经全国哲学社会科学规划办公室批准，国家社科基金十八大以来党中央治国理政新理念新思想新战略研究专项工程重大项目"习近平社会治理思想研究"立项，魏礼群院长任首席专家。

7月26日 魏礼群院长在第六届中国社会治理论坛上的主旨演讲《创新社会治理 决胜全面小康》，获党中央主要领导同志批示，其他几位中央领导同志也作出批示。

7月27日 《光明日报》刊发魏礼群院长署名文章：《全面建成小康的社会景象特征》。

10月30日，《红旗文摘》予以转载。

9月13日 魏礼群院长主持"习近平社会治理思想研究"重大委托项目开题研讨会和启动会。

9月19日 北京师范大学副校长陈丽到中社院调研智库建设，魏礼群院长出席并介绍情况。常务副院长朱红文，党总支书记兼副院长赵秋雁，副书记王苗，院长助理赵炜、陈鹏，学术委员会主任赵孟营、副主任朱光明等参加。

同日 魏礼群院长主持中国社会管理创新研究信息库建设工作会议，实地观看了系统演示并听取汇报，指出信息库建设要做到"四做"，即"做大"，信息库数据量大、内容丰富，收集古今中外与社会治理相关的各类信息；"做实"，灵活运用数据，定性与定量相结合，把信息库做扎实；"做活"，合作和建设方式活，供需结合，与时俱进；"做精"，做出特色，聚焦社会治理和社会研究中的突出问题，出精品。

9月28日 《光明日报》智库研究与发布中心学术委员会成立，魏礼群院长应聘担任主任。学术委员会副主任、中共中央党史研究室副主任冯俊，国防大学战略教研部主任任天佑，中共中央党校原副校长张伯里，中国社会科学院学部委员、副院长蔡昉等 33 人受聘担任中心首批学术委员。首批学术委员均为国内各类代表性智库、智库管理部门、研究机构主要负责人及权威专家。教育部社科司司长张东刚、全国哲学社会科学规划办公室副主任操晓理出席会议。中社院党总支书记兼副院长赵秋雁发表了题为《高校专业化社会治理智库建设的思考——以北京师范大学中国社会管理研究院 / 社会学院为例》的发言。

同日 魏礼群院长报送的《北京师范大学中国社会管理研究院专业化社会治理智库建设情况汇报》，获党中央、国务院多位领导同志重视和批示。报告系统总结了中国社会管理研究院成立以来的重大进展，提出了未来发展方向和目标。

9 月 29 日 魏礼群院长与北京师范大学校领导面谈，研究北京师范大学建设国家高端智库问题，明确提出学校以中国社会管理研究院和中国教育政策研究院为核心组团申报国家高端智库试点单位。

9 月 魏礼群院长指导课题组完成《青年志愿者守信联合激励行动计划》研究报告重要内容，被国家发改委、中国人民银行、共青团中央等 51 个部门联合发布《关于实施优秀青年志愿者守信联合激励　加快推进青年信用体系建设的行动计划》所吸收。

10 月 17 日 魏礼群院长主持召开研讨会，研究"百村社会治理调查"实施方案、"中国社会治理通论"写作框架等工作。

10 月 18 日 魏礼群院长会见来访的英国驻华使馆公使衔参赞韩瑞芬、官员陶丽娜，伦敦大学亚非学院中国问题研究院副院长刘婕玉，国务院研究室社会司司长乔尚奎、处长孙慧峰，以及中社院副院长赵秋雁参加，共同商谈中英社会治理领域研究合作问题。

10 月 20 日 中共中央宣传部副部长、国家高端智库理事长王晓晖一行来北京师范大学调研国家高端智库建设工作。北京师范大学校领导作北京师范大学教育与社会发展研究院申请高端智库工作汇报，中国教育政策研究院严隽琪院长和中国社会管理研究院 / 社会学院魏礼群院长出席并讲话。王晓晖一行实地考察了两院智库建设情况，并作了肯定性讲话。

10 月 28 日 魏礼群院长与中社院首席专家、中国社会科学院副院长李培林，兼职教授、中央民族大学民族学与社会学学院院长麻国庆，以及伦敦大学亚非学院中国研究院副院长刘婕玉商谈智库建设工作。

11 月 8 日　魏礼群院长主持召开"百村社会治理调查""社会治理通论""社会治理丛书"研究工作会议。

11 月 15 日　魏礼群院长主持召开国家社科基金重大专项工程"习近平社会治理思想研究"研讨会。

11 月 30 日　魏礼群院长主持召开《当代中国社会大事典（1978—2015）》审稿会议。

12 月 1 日　魏礼群院长接受《光明日报》智库版主编王斯敏专访，介绍北京师范大学社会治理智库发展情况，并提出对高校智库建设的建议。

12 月 7 日　魏礼群院长主持召开中社院"百村社会治理调查"重大项目研讨会。会议总结前阶段工作，部署下一步任务，提出进一步要求。

12 月 18 日　中国社会管理研究院咨询委员会第七次会议召开。魏礼群院长发表题为《充分发挥咨询委员会的作用》的讲话。会上同时回顾了中社院五年发展历程。

12 月 23 日　魏礼群院长应邀为北京市东城区网格化服务管理中心的《管理精细化　服务零距离——东城区网格化服务管理模式》宣传片发表录像讲话。

2017 年

1 月 18 日　光明日报社在京举办 2016 中国智库年度影响力评选结果发布会，揭晓"年度十大智库"和"年度十大智库人物"。魏礼群院长荣获"年度智库十大人物"。

3 月 3 日　《社会体制蓝皮书 No.5（2017）》发布会于北京师范大学举行，魏礼群院长出席会议并讲话。蓝皮书主编、国家行政学院社会治理研究中心主任龚维斌、副主编赵秋雁，社会科学文献出版社社长谢寿光，国家行政学院研究生院常务副院长朱国仁等出席会议。会议由中国行政体制改革研究会秘书长王满传主持。

3 月 31 日　魏礼群院长主持召开《中国社会治理通论》编写研讨会。

同日　魏礼群院长主持召开国家社科基金重大项目"习近平社会治理思想研究"研讨会，中共中央党校社会学教研室主任谢志强，中社院赵秋雁教授、赵孟营教授、董磊明教授等 10 余人参加。

4月1日 由魏礼群院长担任首席专家，赵秋雁教授为课题组长，谢琼、陈鹏等参加撰写的咨政报告《关于深入推进青年诚信建设创新工程的建议》（刊登于《社会治理研究与建议》2017 年第 3 期），获得党中央、国务院多位领导同志重要批示。

4月12日 魏礼群院长应邀出席由中国行政体制改革研究会与浙江省发改委、中共嘉兴市委、嘉兴市政府共同主办的"浙江嘉善县域科学发展示范点建设推进会暨专家研讨会"，并作讲话。

4月18日 光明日报社在京宣布启动思想理论融媒体传播工程，"光明智库"同期揭牌。魏礼群院长受聘担任"光明智库"学术委员会主任，出席会议，并发表题为《努力建设高质量媒体型智库》的讲话。

4 月 19 日，《光明日报》智库版刊发魏礼群院长的讲话，人民网、光明网、中国经济网、中国网、中国青年网、环球网等多家媒体予以转载。

4月22日 魏礼群院长出席北京师范大学社会工作硕士教育中心揭牌仪式。民政部副部长、第二届全国社会工作专业学位研究生教育指导委员会主任顾朝曦，民政部社会工作司司长、第二届全国教育指导委员会副主任吕晓莉，中国教育电视台党委书记柯春晖，北京师范大学常务副校长史培军等出席会议，中社院常务副院长朱红文主持会议。

6月12日 至16日 魏礼群院长出席"汤沟西部人才——彩烛工程"小学校长培训班并致辞，来自云南丽江、江苏盐城、连云港的 52 位小学校长参加培训。

6月22日 社会学院举行 2017 年毕业生毕业典礼。魏礼群院长以《做一个敢于担当的人》为题作寄语。

7月2日 第七届中国社会治理论坛在北京师范大学举行。本届论坛由中国社会管理研究院与中共北京市委社会工作委员会、清华—布鲁金斯公共政策研究中心、中国社会工作联合会共同举办。第十届全国人大常委会副委员长顾秀莲，第十一届全国政协副主席李金华、陈宗兴，全国妇联原党组书记、副主席，书记处第一书记黄晴宜，北京师范大学校领导，北京市副市长王宁等出席，魏礼群院长发表题为《党的十八大以来中国社会治理的新进展》的主旨演讲。

会后，该演讲上报获得党中央主要领导同志批示，其他多位中央领导也作出批示。

7月11日　魏礼群院长主持召开中国社会治理智库"百村社会治理调查"重大项目中期汇报会。农业部种子管理局原副局长马淑萍，历史学院院长杨共乐教授，宁夏大学人文学院钟亚军教授，中国人民大学社会与人口学院副院长黄家亮副教授，中社院党总支书记兼副院长赵秋雁教授和萧放、朱霞、董磊明、尉建文教授，谢琼副教授，谭江华、鞠熙、杜静元讲师等30余位师生参加。

8月30日　《瞭望中国》杂志2017年第24期以魏礼群院长为封面人物，刊发魏礼群署名文章：《5年来社会治理的新思想》，并发表该刊记者刁吉海撰写的文章：《封面人物魏礼群的其人其事》。

9月1日　魏礼群著《改革论集》英文版 *Collection of Essays on Reform-Wei Liqun* 由中国言实出版社和美国太平洋出版公司联合出版。在之后举办的第二届中英社会治理研讨会期间赠送英方代表，并由拥有欧洲最大中文图书库之称的伦敦大学图书馆收入馆藏。

9月15日　魏礼群院长为首席专家、赵秋雁教授为课题组长撰写的研究报告《关于加快青年信用体系建设的建议》，荣获第十四届北京市哲学社会科学优秀成果奖二等奖。这是中社院首次获得该类重要科研奖项。

9月18日至19日　中国社会管理研究院和英国伦敦大学亚非学院中国研究院在伦敦共同举办第二届中英社会治理现代化研讨会，主题为"社会治理现代化：新趋势、新对策"。来自中国、英国、法国、德国、意大利等国的高校、科研机构、智库和政府机构近50位专家学者参加。魏礼群院长出席并致辞和发表主旨演讲。中社院教授赵秋雁、尹栾玉、尉建文，副教授陈鹏、游祥斌、谢琼、党生翠，讲师王海侠参会并演讲。研讨会期间，还达成了《社会治理》与《中国季刊》（*The China Quarterly*）可持续交流合作的意向。

这次会议后形成的研讨成果上报后，得到国务院领导重要批示。

10月10日　经全国哲学社会科学规划办公室批准，国家社科基金"国家治理体系和治理能力现代化"研究重大项目"社会治理现代化指标构建研究"立项，首席专家为魏礼群院长，项目负责人为赵秋雁教授。

10月30日 《瞭望中国》杂志2017年第30期连载魏礼群院长《5年来社会治理的新实践》一文。

11月10日 《瞭望中国》杂志2017年第31期连续刊发魏礼群院长文章：《5年来社会治理的新境界》。

12月4日 至8日 国务院副总理刘延东与英国卫生大臣亨特在伦敦共同主持中英高级别人文交流机制第五次会议。中社院与伦敦大学亚非学院中国研究院合作举办的中英社会治理现代化研讨会成果《关于加强中英教育与社会领域合作 促进中英人文交流的建议》，获得国务院领导和教育部领导的重要批示后，被纳入会议成果清单。

12月20日 由光明日报社、南京大学联合主办的"2017中国智库治理暨思想理论传播高峰论坛"在北京举行。魏礼群院长作为"光明智库"学术委员会主任，发表题为《新时代开启新征程 新使命呼唤新作为》的主旨演讲。中社院党总支书记兼副院长赵秋雁、《社会治理》杂志副社长兼副总编辑葛云、院长助理陈鹏、综合办公室主任王焱等参会。

2018年

1月6日 中国社会管理研究院咨询委员会第八次会议召开，主题为"贯彻党的十九大精神，建设国家高端智库"。第十届全国人大常委会副委员长顾秀莲、第十一届全国政协副主席陈宗兴等中社院咨询委员会顾问、主任、副主任、委员出席会议。咨询委员会主任、北京师范大学党委书记程建平主持会议，北京师范大学党委办公室、社科处、中国教育与社会发展研究院等负责同志应邀出席；院长魏礼群、首席专家李培林，以及院领导和中层干部参加会议。

1月12日 魏礼群院长主持召开中社院领导班子及成员述职暨学习党的十九大精神大会。邀请党的十九大报告起草组成员、国家发展和改革委员会宏观经济研究院原常务副院长林兆木作学习十九大精神辅导报告；北京师范大学社科处相关负责人和中社院全体教职工参加。

1月至5月 魏礼群院长主持召开第五次《中国社会治理通论》编写研讨会，编写组全体成员参加。

1月20日 新时代中国特色社会主义社会现代化研讨会暨京津冀社会学界"学习贯彻十九大精神"座谈会在中央民族大学召开。魏礼群院长应邀出席并在开幕式上发表讲话。

2月12日 围绕学习贯彻党的十九大关于预防重大风险的精神，魏礼群院长主持召开粤澳应急领域合作工作会议，北京师范大学校领导、国务院参事闪淳昌等参加。

3月13日 "百村社会治理调查"重大项目成果汇报会举行。项目指导人魏礼群院长主持会议并作总结讲话。学院领导、部分子课题负责人、中国社会管理创新研究信息库，以及上海梦创双扬数据科技股份有限公司等相关负责人参加。

3月22日 经全国哲学社会科学规划办公室批准，魏礼群院长担任首席专家的国家社科基金重大专项"习近平社会治理思想研究"，获准提前免鉴定结项。

3月28日 由北京师范大学中国教育与社会发展研究院主办、中社院承办的第三届中英社会治理现代化研讨会在北京师范大学举办。研讨会主题是"新时代社会治理：共建共治共享"。魏礼群院长发表题为《着力打造新时代社会治理的新格局》的主旨演讲。教育部中外人文交流中心副主任杨晓春、北京师范大学副校长周作宇致辞。中国、英国部分高校、科研机构、智库和政府机构50余位专家学者参加研讨会。

4月9日 《社会体制蓝皮书No.6（2018）》发布会暨"新时代的社会体制改革"研讨会在北京师范大学举行。魏礼群院长，蓝皮书主编、国家行政学院社会治理研究中心主任龚维斌等出席研讨会并讲话、致辞或发言。会议由蓝皮书副主编、中社院党总支书记兼副院长赵秋雁主持。中社院教师参加了会议。

4月23日 魏礼群院长专著《改革开放耕耘录/历史的足音改革开放40年研究文库》和主编的《中国青年诚信建设新探索》入选"4.23世界读书日"好书推荐。

这两部书和魏礼群院长主编的《创新社会治理案例选2017》被美国哥伦比亚大学图书馆、日本国会图书馆等30余个有国际影响的图书馆收藏。

4月26日 《光明日报》刊发魏礼群院长文章：《着力打造新时代社会治理的新格局》。

4月28日 第十三届全国人大常委会副委员长、民进中央主席蔡达峰一行，考察北京师范大学国家高端智库培育单位中国教育与社会发展研究院的建设情况，并就建设国家高端智库事宜进行座谈研讨。魏礼群院长出席会议并讲话，校领导以及北师大相关单位的负责人和专家学者出席会议。副校长郝芳华主持会议。

5月6日 共青团中央、国家发改委、中国人民银行主办，北京师范大学青年诚信建设研究中心、中国青年报社承办的 2018 年"诚信点亮中国"全国巡回活动启动仪式暨青年诚信建设推进会议在北京师范大学举行，魏礼群院长主持启动仪式。北京师范大学校领导，共青团中央书记处书记汪鸿雁等出席。会上，团中央青年发展部部长杨松代表青年信用体系建设领导小组办公室向中社院青年诚信建设研究中心授予"青年信用建设研究基地"牌匾。

5月17日至24日 受中共中央宣传部委托，作为中央马克思主义理论研究和建设工程咨询委员会委员的魏礼群院长带队一行 6 人，赴江西、广东两省就如何深化马克思主义理论研究和建设进行深入调研，李建军、鹿生伟、孙文营、胡庆平、刘小丰参加调研，并向中央宣传部写出调研报告。

5月25日 经全国哲学社会科学规划领导小组批准，中社院申报的"新中国 70 年社会治理研究"被立项为 2018 年度国家社科基金重大委托项目，魏礼群院长任首席专家。

5月28日 中共浙江省委和《求是》杂志社在杭州共同举办"最多跑一次"改革理论研讨会，魏礼群院长应邀出席研讨会并发表演讲，中共浙江省委书记车俊、《求是》杂志社社长李捷等出席。

6月10日至12日 由浙江省诸暨市人民政府和北京师范大学中国教育与社会发展研究院主办、中社院承办的"乡村振兴与社会治理"研讨会在浙江省诸暨市举行。第十届全国人大常委会副委员长顾秀莲、北京师范大学校务委员会副主任陈光巨出席会议并致辞，魏礼群院长发表主旨演讲。国家发改委、民政部、中国社会科学院等多个国家机关部委，中国人民大学等国内高校和科研机构，以及浙江省、绍兴市、诸暨市各级干部代表，近百人参加会议。

6月26日 社会学院举行 2018 届毕业典礼。魏礼群院长以《做一个诚实守信的人》为题作寄语。校友嘉宾中国社会科学院研究员巴莫曲布嫫，北京师范大学党委学生工作部部长王洛忠、院党总支书记兼副院长赵秋雁、副院长刘夏蓓、副书记王茜，全院教师、2018 届毕业生、毕业生家长及各年级学生 150 余人参加了典礼。

7月7日 魏礼群院长主编的《当代中国社会大事典（1978—2015）》新书发布会在北京师范大学英东学术会堂举行，第十届全国人大常委会副委员长、中国关心下一代工作委员会主任顾秀莲，第十一届全国政协副主席李金华和魏礼群院长等为新书揭幕。该书荣获国家出版基金项目资助，是国家社科基金特别委托重大项目"中国社会管理创新研究信息库建设"的重要内容，也是北京师范大学打造国家高端社会治理智库的重点工程。《大事典》共 12 章、2400 多个条目、320 余万字，由商务印书馆、华文出版社出版。

同日 第八届中国社会治理论坛在北京师范大学举行。本届论坛由北京师范大学中国教育与社会发展研究院主办，中社院承办，中共北京市委社会工作委员会（北京市社会建设工作办公室）、中国社会工作联合会协办。论坛以"社会治理：40 年改革开放回顾与新时代展望"为主题。第十届全国人大常委会副委员长顾秀莲，第十一届全国政协副主席李金华出席并致辞。魏礼群院长发表题为《坚定走中国特色社会主义社会治理之路——改革开放 40 年社会治理变革回顾与前瞻》的主旨演讲。国务院研究室等国家机关部委，北京等近 20 个省市区地方政府，中国行政体制改革研究会等 30 余家社会组织和企业，清华大学等 30 余家国内外高校和科研机构，新华社等 10 余家学术期刊和新闻媒体，共 300 余位代表参加会议。

之后，党中央主要领导对魏礼群院长这一主旨演讲作出重要批示。

7 月 14 日 国家社科基金特别委托重大项目"新中国 70 年社会治理研究"中的预期重要成果——编写《当代中国社会大事典（1949—1978）》，举行《大事典》编委会第一次会议。重大项目首席专家、《大事典》主编、中社院院长魏礼群主持会议。

7 月 魏礼群院长主持撰写的研究报告《关于新时代坚持和发展"枫桥经验"的建议》，获得党中央主要领导和党中央、国务院其他多位领导重要批示。

8 月 17 日 《求是》2018 年第 16 期刊发魏礼群院长撰写的文章：《坚定走中国特色社会主义社会治理之路——改革开放 40 年社会治理成就及其宝贵经验》。

11 月 6 日，《新华文摘》2018 年第 21 期全文予以转载。

9 月 24 日 魏礼群院长著作《改革论集》，入选中国改革开放 40 周年优秀图书展示展销推荐书目。

12 月 22 日 中社院申报的《关于新时代坚持和发展"枫桥经验"的建议》，荣获中国智库索引（CTTI）2018 年度精品成果。

12月25日 北京师范大学印发《关于变更中国教育与社会发展研究院相关负责人的通知》：经11月28日校长办公会审议，决定变更中国教育与社会发展研究院相关负责人，院长为魏礼群，常务副院长为朱旭东，副院长为赵秋雁、朱永新。

12月29日 中国社会管理研究院咨询委员会第九次会议召开，主题为"学习贯彻党的十九大精神和全国教育大会精神，建设国家高端智库"。第十届全国人大常委会副委员长顾秀莲等咨委会顾问、主任、副主任、委员出席会议。咨询委员会主任、北京师范大学党委书记程建平主持会议，北京师范大学校领导以及北京师范大学中国教育与社会发展研究院等负责同志应邀出席，魏礼群院长讲话，院领导成员和中层干部参加会议。

2019 年

1月13日 中国社会学会主办，北京师范大学中国社会管理研究院/社会学院和中国社会学会学术传播专业委员会承办的中国社会学会新春论坛暨京津冀社会学界"新中国 70 周年社会治理回顾与思考"座谈会在北京师范大学京师大厦隆重举行。魏礼群院长和全国人大常委、社会建设委员会副主任委员、中国社会科学院原副院长李培林发表讲话，北京师范大学副校长周作宇和中国社会学会会长、上海研究院第一副院长李友梅致辞。会议由中国社会学会秘书长、社会科学文献出版社社长谢寿光主持。座谈会前举办了京津冀青年社会学者讲坛，由中社院党总支书记兼副院长赵秋雁主持。北京市、天津市、河北省各社会学研究、教学机构以及出版机构的百余名代表参加。

1月16日 魏礼群院长主持召开"百村社会治理调查"重大项目第三次工作研讨会。项目顾问、中共北京市委社会工作委员会原书记宋贵伦教授、《求是》杂志经济部原主任李建军、国务院研究室原司长鹿生伟等应邀出席会议。首席专家萧放教授作 2018 年度工作汇报。与会专家就项目成果转化、多方合作以及如何助力乡村振兴等问题展开深入研讨。

1月18日、21日 魏礼群院长报送的咨询报告《加强青年守信联合激励 推动诚信社会建设》，获党中央、国务院多位领导同志重要批示。

3月26日 魏礼群院长出席北京师范大学领导核心会议，与校领导共同研究学校国家高端智库体制机制创新等工作。魏礼群院长提出，自己不便于担任学校教育和社会发展研究院院长，并对学校高端智库的领导人、治理结构、工作制度、办院条件等提出建议。

4月18日 魏礼群院长主持召开国家发改委委托的"十四五"规划重大课题研讨会，课题组宋贵伦、赵秋雁、李建军、鹿生伟、陈鹏、尹栾玉、尉建文、谢琼、游祥斌、周群英、杜静元、李汪洋、陈炜，以及校外专家岳金柱、龙斯钊等参加。会议决定，魏礼群担任课题指导人；宋贵伦、赵秋雁为课题组长，组织团队研究。

5月9日、24日 按照魏礼群院长批示，宋贵伦教授主持召开"十四五"重大课题专家座谈会，中共中央党校（国家行政学院）社会和生态文明教研部副主任丁元竹，清华大学社会科学学院副院长王天夫，北京市社工委副书记、市民政局副局长陈建领，北京市社科院首都综治研究所所长袁振龙，首都社会经济发展研究所社会处副处长于晓静，北京市法学会社会工作部主任雷建权，北京市石景山区委社工委书记、区民政局局长高春玲，北京市西城区委社工委书记李薇，以及全体课题组成员参加。

5月14日 魏礼群院长主持召开《北京师范大学社会学学科发展规划》专题研讨会。赵秋雁、赵炜、董磊明、尹栾玉、尉建文等参加。

5月28日 魏礼群院长主编的《当代中国社会大事典（1978—2015）》荣获第十五届北京市哲学社会科学优秀成果奖一等奖，这是一部兼具学术性、理论性、实践性和工具性，并具有原创性和权威性的大型文献图书，也是北京师范大学打造国家高端智库的标志性成果之一。

5月29日 魏礼群院长主持召开国家发改委委托的"十四五"规划重大课题研讨会。课题组长宋贵伦、赵秋雁和陈鹏、尹栾玉、尉建文、谢琼、游祥斌、杨丽、周群英、杜静元、李汪洋、陈炜，以及校外专家杨积堂等参加。

6月19日 北京师范大学互联网发展研究院成立仪式暨中国互联网企业社会责任高峰论坛在京举办，魏礼群院长应邀出席成立仪式并揭牌。互联网研究院院长为李韬教授。魏礼群院长与全国人大法律委员会副主任委员洪虎，外交部原副部长、驻美原特命全权大使周文重，诺贝尔文学奖得主莫言，中国工程院院士倪光南等成为该院首批咨询委员会委员。

6月26日 社会学院举行2019年毕业典礼。魏礼群院长以《做一个自强不息的人》为题作寄语。校友嘉宾中国民俗学会副会长安德明，党总支书记兼副院长赵秋雁、副书记王茁，以及院各委员会和系负责人、学院教师、2019届毕业生、毕业生家长、各年级学生等200余人参加了典礼。

7月6日 第九届中国社会治理论坛在北京师范大学举行。论坛由北京师范大学中国教育与社会发展研究院主办，中社院承办，中共北京市委社会工作委员会、中国社会工作联合会协办，主题是"中国社会治理现代化：70年回顾与前瞻"。第十一届全国政协副主席李金华，北京师范大学党委书记、中国教育与社会发展研究院院长程建平等领导出席。魏礼群院长发表题为《坚定不移推进社会治理现代化——新中国70年社会治理现代化历程、进展与启示》的主旨演讲。中共中央党校（国家行政学院）等国家机关部委，北京等近20个省市，中国行政体制改革研究会等30余家社会组织和企业，清华大学等30余家国内外高校和科研机构，新华社等10余家新闻媒体，共200余位代表参加会议。

魏礼群院长的主旨演讲上报后，获得党中央主要领导同志批示，其他多位中央领导也作出批示。9月9日，《光明日报》智库版整版以《坚定不移推进社会治理现代化》为题，刊发魏礼群院长的主旨演讲。

8月25日 魏礼群院长主编的《中国社会治理通论》由北京师范大学出版社出版。该著作荣获国家出版基金的资助，并纳入中华学术外译项目指南。

9月21日 《人民日报》刊发综述文章：《从大国之治迈向强国之治》。文章中多处引用魏礼群院长的观点论述。

9月22日 新华社发表记者专访：《坚定不移推进社会治理现代化——北京师范大学中国社会管理研究院院长魏礼群谈新中国社会治理70年》。

10月24日 中社院与江苏秀强集团合作的"孝善文化与社会治理现代化：企业参与社会治理模式研究"课题启动会召开，魏礼群院长主持会议并作总结讲话。北京师范大学原副校长陈光巨，民政部政策研究中心主任王杰秀应邀参会，课题组组长谢琼教授介绍研究方案，20余位师生参加。

11月4日 魏礼群院长会见法国图卢兹大学副校长 Vincent Simoulin 教授，在双方合作的基础上达成进一步加强合作意向，中社院党总支书记兼副院长赵秋雁、院长助理赵炜参加。

11月7日 北京师范大学党委理论学习中心组召开专题会议，学习贯彻党的十九届四中全会精神。受学校党委委托，魏礼群院长作主题为"大力推进社会治理现代化"的学习体会报告。

11月9日 中社院和北京师范大学互联网发展研究院在京联合主办"学习贯彻党的十九届四中全会精神 推进社会治理现代化研讨会"。魏礼群院长主持开幕式。北京师范大学党委书记程建平，全国政协文史与学习委员会副主任叶小文等领导出席。中央国家机关部委、高校、科研机构、社会组织、企业负责人100余位代表参加会议。

11月9日 至10日 "乡村振兴与社会治理"研讨会暨"百村社会治理调查"项目工作推进会在北京师范大学召开。"百村社会治理调查"项目指导人魏礼群院长，中国社会学会会长、上海市人民政府上海研究院第一副院长李友梅教授等应邀出席会议。百村项目组组长赵秋雁主持，项目首席专家萧放教授作项目工作汇报。

12月19日 魏礼群院长报送的《关于加强中英教育与社会治理现代化领域合作 促进中英人文交流的建议》，获国务院领导同志重要批示，教育部多位领导同志也作出批示。

12月21日 中国社会管理研究院咨询委员会第十次会议召开。咨询委员会主任、北京师范大学党委书记程建平主持会议，第十届全国人大常委会副委员长顾秀莲等咨询委员会顾问、副主任、委员出席，魏礼群院长讲话。北京师范大学党委办公室、中国教育与社会发展研究院等负责同志出席，院首席专家李培林和院领导、中层干部参加会议。

12月25日 由光明日报社联合南京大学主办的"2019新型智库治理暨思想理论传播高峰论坛"在京举行，论坛主题为"国家治理现代化与智库新征程"。魏礼群院长应邀出席并在主论坛发表主旨演讲。魏礼群院长担任首席专家的研究成果《"十四五"时期健全现代社会治理体系重大课题研究报告》，入选"2019年度CTTI智库精品成果"，宋贵伦教授等研究成果《珠海横琴物业城市治理模式 自贸区社会治理现代化实践》荣获优秀成果奖。分论坛成果发布会上，中社院党总支书记兼副院长赵秋雁介绍了《加强新时代青年诚信建设研究 推动社会治理现代化》有关成果。

2020 年

1 月 6 日 北京师范大学和中国西部人才开发基金会等联合举办的《100 个百岁老人的传奇》新书发布会暨"为父母写传记　用墨香传孝心"大型社会公益活动启动仪式在京举办，同时"银河系"敬老公益基金正式设立。魏礼群院长应邀题写书名、出席会议并发表讲话。中社院党总支书记兼副院长赵秋雁、社会服务办公室主任胡静等出席会议。

1 月 8 日 魏礼群院长主持召开中社院领导班子及成员述职暨全院教职工大会并作总结讲话。院党总支书记兼副院长赵秋雁代表院领导班子作 2019 年工作总结和 2020 年工作初步计划汇报。赵秋雁书记、刘夏蓓副院长、王茁副书记述职。会上，表彰了中社院 2019 年先进集体和先进个人。

同日 魏礼群院长应邀出席第六届北京师范大学会林文化奖颁奖典礼，并与第二届会林文化奖得主、美国著名汉学家安乐哲共同为为北京大学哲学系、宗教学系教授楼宇烈颁奖。

1 月 19 日 魏礼群院长应邀出席中国社会科学院社会学研究所建所 40 周年暨"新时代中国社会学的使命与担当"学术研讨会，并在开幕式上致辞。中国社会科学院院长、党组书记、学部主席团主席谢伏瞻，全国人大常委会委员、农业与农村委员会主任委员陈锡文，中国社会学会会长李友梅，中国社会科学院社会发展战略研究院院长张翼出席开幕式并致辞。

2 月 19 日 《学习时报》刊发魏礼群院长文章：《大力推进社会治理现代化》。

3 月 11 日 魏礼群院长在一线网络教学平台听课：尹栾玉教授讲授研究生课程"社会问题研究专题"，谢琼教授讲授本科课程"社会福利思想与实践 Ⅱ"，通过网络教学平台了解抗击新冠肺炎疫情期间，院内课堂教学的情况。

5 月 15 日 北京师范大学党委副书记、纪委书记孙红培来中社院主持召开巡察整改工作调研座谈会。魏礼群院长参加会议，会前，与孙红培书记见面。

6 月 16 日 魏礼群院长应邀出席民进中央召开的"提升基层治理效能，促进社会和谐稳定"专题研讨会并发言，民进中央主席蔡达峰出席会议并讲话。民进中央常务副主席刘新成等出席，副主席朱永新主持。中社院党总支书记兼副院长赵秋雁、社会管理与社会政策系主任尹栾玉等参会并发言。

6月22日 魏礼群院长主持召开研究生招生领导小组会议，会议讨论决定2020年博士招生拟录取14人；其中，11名非定向类别，3名定向类别。

7月14日 魏礼群院长作为首席专家主持召开中央马克思主义理论研究和建设工程办公室委托重大课题"新时代中国特色社会主义与国家治理体系和治理能力现代化"。中社院承担一个子课题。李建军、赵秋雁、陈鹏、尉建文参加会议。有关课题组专家参会。

8月20日 至21日 魏礼群院长应邀出席北京师范大学主办的"2020全球智慧教育大会"开幕式。中社院承办专题论坛"人工智能与社会治理"，中国、美国、英国、法国、日本的部分高校、科研机构、政府部门代表和企业界人士，深入探讨了智能技术如何与教育、医疗和养老等领域深度融合，为构建智慧社会提供了新视野、新思路、新路径。魏礼群院长还参观了北京师范大学昌平新校区，实地考察了互联网教育智能技术及应用国家工程实验室建设的情况。

9月13日 中社院和北京师范大学出版社联合主办"发展中国特色社会主义社会学"研讨会暨《中国社会治理通论》新书发布会，魏礼群院长作总结讲话。全国人大常委会委员、中国社会科学院原副院长李培林主持会议，北京师范大学副校长陈丽教授，国务院学位委员会办公室副主任、教育部学位管理与研究生教育司司长洪大用教授，中国社会学会会长李友梅教授等致辞。会议直播，在线观看人数达2180余人次。

11月15日 北京师范大学国家高端智库中国教育与社会发展研究院和中共中央党校（国家行政学院）国家高端智库联合主办的第十届中国社会治理论坛在北京师范大学举行。论坛以"全面建成小康社会与推进社会治理现代化"为主题。第十届全国人大常委会副委员长、中国关心下一代工作委员会主任顾秀莲，全国人大常委会委员、社会建设委员会主任委员、中共中央党校（国家行政学院）分管日常工作的副校（院）长何毅亭，北京师范大学党委书记、中国教育与社会发展研究院院长程建平，国务院研究室原党组书记、主任，北京师范大学中国社会管理研究院/社会学院院长魏礼群，全国人大常委会委员、中国社会科学院原副院长李培林，全国哲学社会科学工作办公室主任、国家高端智库理事会秘书长姜培茂，全国人大常委会委员、监察和司法委员会副主任委员徐显明，中国法学会学术委员会主任、吉林大学哲学社会科学资深教授、浙江大学国家制度研究院院长张文显，中央马克思主义理论研究和建设工程咨询委员会委员、原中共中央党史研究室副主任李忠杰，中共中央党校（国家行政学院）社会与生态文明教研部主任龚维斌，国家发改委社会发展司司长欧晓理等出席并分别作致辞、主旨演讲。魏礼群院长发表题为《全面建成小康社会与持续推进社会治理现代化》的主旨演讲。北京师范大学党委副书记孙红培、中共中央党校（国家行政学院）副校（院）长李毅分别主持致辞和主旨演讲环节。

会后，魏礼群院长的主旨演讲，获得党中央、国务院、全国人大等领导同志的重视并作出批示。

11月19日 魏礼群院长会见民政部政策研究中心主任王杰秀、北京师范大学互联网发展研究院院长李韬，商谈社会治理研究有关合作。

11月27日 由清华大学国家治理与全球治理研究院等单位主办，北京师范大学中社院和中国知网协办的"科技赋能·智治社会：面向'中国之治'的社会治理现代化"暨第二届中国社会治理与发展高层论坛举行。魏礼群院长应邀出席并作致辞，院党总支书记兼副院长赵秋雁、刘冰副教授分别主持成果发布、圆桌论坛，尉建文教授、陈鹏副教授分别作主题发言，150余人参加论坛。

12月17日 魏礼群院长主持召开中社院"博士生、博士后座谈会"，并发表题为《努力做一名优秀的社会学博士研究生》的讲话，党总支书记兼副院长赵秋雁、副书记王苗、院长助理赵炜，鹿生伟和李建军，博士生导师、博士生、博士后、行政人员50余人参会。

12月30日 魏礼群院长主持召开《中国特色社会主义社会学》编写座谈会。全国人大常委会委员、中国社会科学院原副院长李培林，国务院研究室信息司原司长刘应杰，中共中央党校（国家行政学院）社会和生态文明教研部主任龚维斌，清华大学社会治理与发展研究院院长张成岗，北京大学社会学系教授谢立中等出席会议。

2021年

1月9日 中国社会管理研究院咨询委员会第十一次会议召开。第十届全国人大常委会副委员长顾秀莲，全国人大常委会委员、中国社会保障学会会长郑功成等咨询委员会顾问、副主任、委员，以及北京师范大学校长办公室、中国教育与社会发展研究院、智库管理办公室、全球共同发展研究院等单位负责同志应邀出席。魏礼群院长讲话，首席专家李培林，以及院领导和中层干部参加会议。

1 月 15 日 魏礼群院长主持召开《中国特色社会主义社会学》编写组第一次会议，研究了编写基本思路和框架提纲，国务院研究室信息司原司长刘应杰、中社院党总支书记兼副院长赵秋雁等参会。

3 月 2 日 教育部印发《关于第八届高等学校科学研究优秀成果奖（人文社会科学）奖励的决定》，并召开表彰大会。魏礼群院长领衔完成的《习近平社会治理思想研究》，焦长权的论文《资本下乡与村庄的再造》，分别荣获教育部高等学校科学研究优秀成果奖（人文社会科学）二等奖、青年奖。

3 月 5 日 魏礼群院长主持召开中社院领导班子及成员述职暨全院教职工大会并作总结讲话，为 2020 年优秀教职工颁发奖励证书。党总支书记兼副院长赵秋雁代表院领导班子报告 2020 年中社院工作并作述职，党总支副书记王茁述职，全院教职工参加。

3 月 魏礼群院长的研究报告《坚定不移推进社会治理现代化——新中国 70 年社会治理现代化历程、进展与启示》荣获第十六届北京市哲学社会科学优秀成果奖一等奖；董磊明教授等的论文《乡土社会中的面子观与乡村治理》荣获二等奖。

3 月 18 日 魏礼群院长、赵秋雁副院长的研究报告《关于深入开展中国特色社会主义社会学研究的基本思路和预期主要成果》，获得国务院领导同志批示。

3 月 31 日 至 4 月 8 日 魏礼群院长带队前往江苏省徐州市、睢宁县、新沂市、宿迁市调研。徐州市委书记周铁根，市委副书记、市长庄兆林，睢宁县委书记苏伟，新沂市委书记陈堂清，宿迁市委书记、市人大常委会主任王昊先后陪同调研。期间，魏礼群院长一行参加与江苏秀强玻璃工艺股份有限公司合作会议并为北京师范大学社会治理调研基地揭牌，谢琼教授讲话，尹栾玉教授和王焱、朱瑞参加活动。

4 月 18 日 魏礼群院长在浙江省嘉善县主持"决胜全面建成小康社会：嘉善经验与启示"学术论坛暨新阶段县域现代化建设研讨会，国务院发展研究中心党组书记马建堂，国家统计局副局长盛来运，全国政协委员杨克勤等出席会议。尉建文教授参加。

4 月 26 日 魏礼群院长主持的、中社院尉建文教授等参与的调研评估报告：《县域高质量发展的典范——嘉善县科学发展方案评估与建议》，获得党中央主要领导同志和其他多位领导重要批示，转化为重要决策，直接推动了实际工作。

5月9日 魏礼群院长应邀出席中国社会治理研究会数字治理分会成立暨数字治理座谈会并致辞，中国工程院院士倪光南、中宣部原副部长王世明、民政部原副部长顾朝曦等领导专家出席。

5月12日 魏礼群院长会见牛津大学全球发展与展望研究院王士东院长，双方就北京师范大学全球共同发展研究院建设等进行了深入交流。学校国际处、全球共同发展研究院王宏新院长等有关负责人参加。

5月17日 魏礼群院长作为《社会治理》杂志编辑委员会主任，主持学习《习近平总书记给〈文史哲〉编辑人员的回信》会议并讲话，杂志社全体人员参加。

5月21日 魏礼群院长出席乡村振兴和百个社区调查课题开题会，"乡村振兴"课题组执行组长、国务院扶贫办原综合司司长、北京市社会建设促进会咨询委员会副主任苏国霞出席，北京市社会建设促进会会长宋贵伦主持会议。

5月13日至30日 为纪念习近平总书记在哲学社会科学工作座谈会上的重要讲话5周年，受北京师范大学程建平书记委托，魏礼群院长以北京师范大学教育与社会发展研究院首席专家名义撰写《服务改革决策，推进国家治理现代化》的文章，在《光明日报》发表，全国哲学社会科学工作办公室网站、人民论坛网、北京师范大学学校网站、智库研究院公众号等转载。

6月19日 魏礼群院长应邀出席全国公共管理专业学位研究生教育指导委员会主办、中国人民大学公共管理学院承办的"中国共产党百年与公共管理学科发展高端论坛"并致辞。国务院公共管理教育指导委员会第一副主任委员、中国人民大学校长刘伟，中国行政管理学会会长、清华大学公共管理学院院长江小涓等出席会议。

6月27日 社会学院举行2021届毕业典礼。魏礼群院长以《做一个有创新精神的人》为题作寄语。校友嘉宾、党总支书记兼副院长赵秋雁、副书记王茁、学院各委员会和系负责人、学院教师、2021届毕业生、2020届部分毕业生共120余人参加典礼。

6月28日至7月2日 魏礼群院长出席庆祝中国共产党成立100周年系列活动，包括观看在国家体育场举行的大型文艺演出，在天安门城楼上参加党中央举办的庆祝大会，以及参加党中央举办的庆祝中国共产党100周年理论研讨会。

7月7日 魏礼群院长主持中社院全体教职工大会并发表讲话。会上学习了习近平总书记在庆祝中国共产党成立 100 周年大会上的讲话，国务院研究室信息司原司长刘应杰，中社院教师代表董磊明、尹栾玉、傅昌波、朱瑞分别发言谈学习体会。

9 月 10 日 学校党委书记程建平与魏礼群院长沟通情况，研究中国社会管理研究院和社会学院今后发展模式、体制问题，就巩固已取得的成就，进一步办好学校社会治理智库和社会学院进行交谈。

9 月 19 日 魏礼群院长参观学校智库成果展，中国教育与社会发展研究院执行院长宋珊萍、学校智库管理办公室主任兼科研院副处长李文、中社院党总支书记兼副院长赵秋雁等陪同。

10 月 14 日 2021 年研究生入学教育座谈会举行。魏礼群院长发表题为《坚守选择，励志成才，做一名优秀的社会学研究生》的主题报告。三位新入校研究生作大会发言。中社院党总支书记兼副院长赵秋雁主持会议。副书记王茁、院长助理赵炜以及全院教职工出席会议。

10 月 29 日 《魏礼群社会文集》由中国言实出版社出版。

10 月 31 日 至 11 月 1 日 魏礼群院长主持召开《中国特色社会主义社会学》编写统稿会，刘应杰、李建军、宋贵伦、赵秋雁、尹栾玉、董磊明、尉建文、鹿生伟、朱瑞、陈炜参加。

11 月 3 日 魏礼群院长主持召开中社院第四十二次党政联席会议，学习习近平总书记近期重要讲话精神，传达学校落实巡视整改工作方案，研究中社院落实整改工作方案、制度修订、教学、学生、意识形态、人才人事等工作。赵秋雁、王茁、赵炜、周群英参会，李建军、朱瑞、李放、佟丽列席。

11 月 8 日 魏礼群院长主持召开中社院第四十三次党政联席会议，研究申报国家级一流本科专业建设点、课程考核专项整改、全国样板党支部（第三批）申报等工作。赵秋雁、王茁、赵炜、周群英参加，李建军、张汝立、萧放、色音、董磊明、尹栾玉、尉建文、朱瑞、王珂、张利民列席。

11 月 8 日 至 9 日 魏礼群院长主持召开《社会治理咨政建言录》一书统编会，李建军、鹿生伟、赵秋雁、朱瑞、陈炜、王焱等参加。

11 月 24 日 魏礼群院长主持召开中社院第四十四次党政联席会，学习党的十九届六中全会精神，研究院学习贯彻党的十九届六中全会精神工作方案、实习基地建设、意识形态工作责任制落实工作等。北京师范大学副校长陈丽出席，赵秋雁、王苗、赵炜、周群英参加，朱瑞、李放列席。

会后，魏礼群院长与陈丽副校长交流学校以及中社院智库建设和学科发展工作。

12 月 7 日 魏礼群院长与北京师范大学党委书记程建平面谈中国社会管理研究院和社会学院机构改革和建设工作。

12 月 18 日 北京师范大学国家高端智库中国教育与社会发展研究院和中共中央党校（国家行政学院）国家高端智库联合主办的第十一届中国社会治理论坛在北京师范大学举行，论坛主题为"党的百年社会治理与社会治理智库建设"。第十届全国人大常委会副委员长顾秀莲，中共中央党校（国家行政学院）分管日常工作的副校（院）长李书磊，北京师范大学党委书记、中国教育与社会发展研究院院长程建平，国务院研究室原党组书记、主任魏礼群，全国人大常委会委员、社会建设委员会副主任李培林，全国人大常委会委员、监察和司法委员会副主任、中国法学会副会长徐显明，中共中央党校（国家行政学院）教育长龚维斌，全国人大常委会委员、中国社会保障学会会长郑功成，国务院学位委员会办公室副主任、教育部研究生司司长洪大用，民政部政策研究中心主任王杰秀，北京市社会建设促进会会长宋贵伦等出席。中共中央党校（国家行政学院）副校（院）长李毅、北京师范大学校务委员会副主任陈丽分别主持致辞和演讲环节。会上，魏礼群院长发表题为《中国共产党百年社会治理的历程、成就与经验》主旨演讲。

12 月 22 日 魏礼群院长主持召开中社院第四十六次党政联席会议，研究了中国社会管理研究院（社会治理智库）10 周年总结、年度考核、落实意识形态主体责任制、学生工作以及非建制机构工作。赵秋雁、王苗、赵炜、周群英参加，李建军、朱瑞列席。

12 月 22 日 中社院工会为 10 月、11 月、12 月生日的 19 位教职工举办集体生日会，魏礼群院长出席并讲话，工会主席兼院长助理赵炜介绍工会工作，咨政科研办公室主任兼工会委员陈炜主持，40 余位教职工参加此次活动。

2022 年

1 月 13 日 魏礼群院长主持召开中社院第四十七次党政联席会议，学习教育部关于师德师风文件，研究 2021 年总结暨院领导班子述职报告、2022 年任务书编制、学生工作等。赵秋雁、王苗、赵炜、周群英参加，李建军、朱瑞列席。

1 月 14 日　中社院举行 2021 年度领导班子及成员述职暨中国社会治理研究院（社会治理智库）成立 10 周年座谈会，院领导、兼职教授、全体教职工参加。魏礼群院长主持述职会议，赵秋雁书记主持座谈会。全体人员首先观看《社会治理智库：砥砺创新的十年》视频，之后魏礼群院长发表题为《回望与期待》的讲话，宋贵伦、萧放、朱光明、董磊明、尹栾玉、傅昌波、尉建文、陈炜等作大会发言。

2 月初　魏礼群院长上报的论坛主旨演讲报告《中国共产党百年社会治理的历程、成就与经验》，获得党中央多位领导批示。

2 月 24 日　魏礼群教授担任首席专家的国家社科基金特别委托重大项目《新中国 70 年社会治理研究》取得丰硕成果，顺利结项。

2 月 25 日　魏礼群院长担任首席专家的《中国特色社会主义社会学研究》，获 2021 年度教育部哲学社会科学研究重大委托项目立项，批准号 21JZDW006。

3 月 7 日　经评审公示，魏礼群教授主编的《中国特色社会主义社会学》（北京师范大学出版社），获 2022 年度国家出版基金资助。

4 月 22 日　北京师范大学党委召开中国社会管理研究院 / 社会学院干部任免宣布会。校党委书记程建平，国务院研究室原党组书记、主任、中国社会管理研究院 / 社会学院创始院长魏礼群，学校组织部、发展规划处负责人，院党政班子成员、内设机构负责人、教工支部书记等参加会议。会议由学校党委组织部常务副部长刘长旭主持。会议上，刘长旭宣读了北京师范大学党委干部任免通知，免去魏礼群同志社会学院院长、中国社会管理研究院院长（兼）职务。任命屈智勇同志为社会学院院长、赵秋雁同志为社会学院党委书记。发展规划处处长王洛忠宣读了北京师范大学干部聘任通知，聘任李韬同志为中国社会管理研究院院长、赵秋雁同志为中国社会管理研究院副院长（兼）。魏礼群和屈智勇、赵秋雁、李韬分别作表态发言，程建平书记作重要讲话。他代表学校充分肯定了中国社会管理研究院和社会学院成立以来取得的成就；对魏礼群院长十年来作出的贡献表示感谢；对新任命的院领导成员提出了要求。